유익한
제자도

김용일 목사의

유익한
제자도
Practical Discipleship

김용일 지음

교회성장연구소

목차

1장

만남
(부르심)

은혜와 기적을
체험하되
반드시 제자가 되라

1장

만남(부르심)

은혜와 기적을 체험하되
반드시 제자가 되라

예수님 사역의 거점

가버나움

예수님 사역의 거점은 갈릴리의 가버나움이었다. 그곳에서 많은 사람이 예수님을 만났다. 그곳은 은혜의 자리였다. 회복의 역사가 있고, 기적이 체험되는 곳이었다. 가버나움에서 많은 사람이 그러했듯이 우리도 주님을 만나 회복되어야 한다. 기적을 체험해야 한다. 은혜를 입어야 한다. 그런데 그 은혜의 자리에서 만남으로 끝나지 말고, 제자가 되어야 한다. 은혜 체험으로 끝나면 안 된다. 반드시 제자가 되어야 한다. 그것은 멸망과 영생의 갈림길이 되기 때문이다.

우리는 이 첫 장에서 가버나움과 제자를 비교하며 유익한 제자도에 대한 점검을 처음으로 시작할 것이다.

예수님께서 30세에 사역을 시작하셨다. 세례 요한에게 세례를 받으시고, 광야에서 40일간 금식하시며 시험을 이기셨다. 이후 본격적으로 사역을 시작하셨는데, 그 거점으로 삼으신 곳이 바로 가버나움이다. 물론 예수님께서 이스라엘 전역을 다니셨지만, 기본 사역의 거점은 가버나움이다.

예수님의 출생지는 베들레헴이다. 외국 이집트에서 유아기를 보내고 나사렛으로 와서 유년기를 보내셨다. 그런데 공적인 생애를 위해서 나사렛을 떠나 가버나움에 가서 사시고, 가버나움을 사역의 거점으로 삼으셨다. 마태복음 4장 13절에 보면 이런 설명이 나온다. "나사렛을 떠나 스불론과 납달리 지경 해변에 있는 가버나움에 가서 사시니" 이것은 이사야 선지자의 말씀을 이루려 하신 것이다.

사역지 가버나움의 특성

예수님의 주요 사역지인 가버나움은 어떤 곳인가? 이 지역의 특성은 전도 전략상 중요한 곳이다. 왜냐하면, 가버나움은 교통의 요지였고 국제 도로상에 자리 잡고 있었다. 이곳은 팔레스타인 북부지역인데, 소외

계층, 하류계층이 많아서 무시당하던 지역이었다. 그런데, 바로 이곳이 예수님의 주요 무대였다. 마태복음 4장 16절에서 말씀한다.

> 흑암에 앉은 백성이 큰 빛을 보았고 사망의 땅과 그늘에 앉은 자들에게 빛이
> 비치었도다

그리 주목받지 못하던 지역 가버나움에 집을 정하시고, 갈릴리 지역을 중점적으로 사역하셨다. 갈릴리는 동에서 서까지 40km 정도이고, 북에서 남까지 80km 정도이지만 인구 밀도가 매우 높았다. 갈릴리는 비옥한 지대였고, 따라서 크기에 비해 인구가 엄청나게 많았다. 참고로 역사학자 요세푸스에 의하면 갈릴리에 204개의 마을이 있었고, 그중 5천 명 이하는 하나도 없었다고 한다. 그렇다면 100만 명이 훨씬 넘는다는 이야기다.

결국 예수님께서 이곳을 사역의 거점으로 삼으신 것은 가능한 많은 사람에게 복음을 전파하시기 위함이었다. 복음은 가능한 많은 사람에게 전해지는 것이 중요하다. 그것이 예수님의 방법이었다.

갈릴리는 이스라엘 중 가장 개방이 되어 있었고, 사람들이 용감했다. 그리고 이익보다 명예를 중시하는 사람들이었다. 여러모로 예수님과 복음에 적합한 지역이었다. 그래서 예수님께서 그 지역을 중점적으로 사

역하셨다. 이곳은 갈릴리와 그 주변 대부분 마을에 쉽게 연결될 수 있는 곳이기에 예수님께서 주요 사역지로 정하신 것이다.

핵심 제자들의 출신 지역, 가버나움

'가버나움'은 나훔의 동리를 의미한다. 나훔은 '자비'라는 뜻이다. 그래서 가버나움을 자비(위로)의 동리로 볼 수 있다. 여기서 이곳이 예수님과 어떠한 관계를 맺어 왔는지 살펴보자.

우선 예수님께서 베드로, 안드레, 야고보, 요한을 이 동리에서 부르셨다. 예수님이 사역하실 때 가장 핵심적인 인물이었던 사람들이 바로 이곳에서 만난 사람들이었다.

또한, 마태복음의 저자 마태도 이곳에서 부름을 받았다. 그는 세리였는데, 주님의 부르심을 받고 주님에 대해서 어느 누구보다 정리된 생각을 기록으로 남겼다. 특별히 산상수훈 등 주옥같은 가르침, 그리고 마지막 지상명령 등은 마태가 없었다면 우리에게 남지 않았을 것이다.

무엇보다 신약성경의 가장 앞에 마태복음이 있다는 것은, 당시 초기 기독교 내에서 이 복음서를 가장 중시했다고 볼 수 있다. 그 마태도 역시 가버나움 출신이다.

가버나움에서 행하신 이적들

예수님은 가버나움에서 수많은 이적을 행하셨다. 특히 마태복음 8장과 9장에 많은 이야기가 나오는데 백부장의 중풍병 걸린 하인을 말씀만으로 고치셨다(마 8:5-13). 또한, 예수님이 거하시는 동네에서 베드로를 부르신 것은 물론 베드로의 집에 있던 장모가 열병으로 누웠을 때도 그의 손을 만져 고쳐 주셨다(마 8:14-15).

마태복음 9장 1절에 보면 '본 동네'라고 표현이 된다. 즉, 가버나움은 예수님의 거점이었다. 거기에서 침상에 누운 중풍병자를 사람들이 데리고 오니 고쳐 주셨다. 역시 새로운 지역이 아닌, 예수님의 목회 본거지였다. 그리고 열두 해 혈루증을 앓던 여인이 예수님의 겉옷 가를 만지니 병이 나았다(마 9:20-22). 그리고 죽은 소녀를 보시고 "죽은 것이 아니라 잔다"라고 하시며 소녀를 살리셨다(마 9:23-26).

이것이 모두 가버나움에서 행하신 기적이었다. 이렇게 예수님께서 자기 사역 거점에서 많은 이적을 행하신 것을 성경은 증언한다.

그 소문이 그 온 땅에 퍼지더라 (마 9:26)

이 말씀처럼 예수님의 소문을 들은 사람들이 찾아왔고 예수님은 그들을 고쳐 주셨다. 소경 둘이 따라와 불쌍히 여겨 달라고 하자, 그들의 눈을 만져 주시며 "너희 믿음대로 되라"고 말씀하시자 소경이 눈을 떠서 보게 되었다(마 9:29).

이런 수많은 이적을 바로 이 한 동네 '가버나움'에서 행하셨으니 정말 놀라운 일이다.

자, 오늘 이런 능력이 임해서 우리가 있는 곳에 놀라운 기적들이 일어난다면 얼마나 좋겠는가? 그러면 많은 사람들이 예수님을 믿을 것 아닌가? 잘 기억하라. 그럴 수도 있지만, 그렇지 않을 수도 있다. 물론 당장에는 구경 삼아서 사람들이 많이 몰려올 것이다. 그러나 그것과 구원받는 것은 별개의 것이다. 이것을 성경은 증언한다.

이적은 있지만 회개하지 않는 가버나움

가버나움은 어떻게 되는가? 물론 가버나움에서 이적을 본 많은 사람은 처음에는 열광하며 예수님을 따라다녔다. 그러나 결국 그들은 회개하지 않았고, 예수님으로부터 책망을 들었다. 마태복음 11장 20절에서 "예수께서 권능을 가장 많이 행하신 고을들이 회개하지 아니하므로 그때에 책망하시되"라고 기록하고 있다. 이어서 21절에서 예수님은 특별히 세 곳을 지명해서 책망하시는데 먼저 언급하신 곳이 고라신과 벳새다였고 이어서 책망하신 곳이 바로 가버나움이었다(마 11:21-24).

가버나움아 네가 하늘에까지 높아지겠느냐 음부에까지 낮아지리라 네게 행한 모든 권능을 소돔에서 행하였더라면 그 성이 오늘까지 있었으리라 내가 너희에게 이르노니 심판 날에 소돔 땅이 너보다 견디기 쉬우리라 하시니라 (마 11:23-24)

예수님께서 왜 책망하셨는가? **"회개하지 아니하므로"**(마 11:20) 책망하신 것이다. 예수님께서 이 땅에 오셔서 본격적인 공생애 사역을 하시며 처음 외치신 말씀이 바로 "회개하라 천국이 가까이 왔느니라"였다(마 4:17). 사람이 해야 할 일은 무엇인가? '회개'하는 것이다. 천국이 가까웠다는 것은 선언이다. 우리에게 주어진 명령은 하나인데 그것은 회개하는 것이다. 문제는 예수님이 오셔서 귀한 말씀을 주시고, 여러 기적을 행하셨으나, 사람들은 회개하지 않았다. 바로 이것이 예수님의 주요 사역지였던 가버나움의 문제였다. 말씀이 있고, 기적이 있었으나, 회개하지 않았다. 결국 가버나움은 처참하게 무너져서 수백 년 동안 위치조차 밝혀지지 않았다.

이 책을 읽는 사랑하는 형제, 자매여, 우리는 회개해야 한다. 내 인생의 목표가 바뀌어야 한다.

주님의 메시지 : 회개하라 천국이 가까이 왔느니라

예수님의 메시지를 우리는 기억해야 한다. 마태복음 4장 17절을 보면 "이 때부터 예수께서 비로소 전파하여 이르시되 회개하라 천국이 가까이 왔느니라 하시더라"고 말씀한다.

'전파하여'에 해당하는 헬라어 원어는 '케륏소'이다. 이것은 '전파하다, 설교하다'라는 뜻을 가지고 있지만 본래는 왕의 전령이 왕의 뜻을 선포할 때 쓰는 말이다. 그만큼 절대적인 성격을 가진다.

예수님의 설교의 메시지는 두 가지이다. 첫째는 회개하라는 말씀이고 둘째는 천국이 가까이 왔다는 것이다. 천국이 가까웠다는 말씀은 선언이다. 중요한 상황을 선언하는 것이다. 그러기에 행동의 결단을 명령한다. '회개하라' 이 말은 헬라 원어로 '메타노이아'이다. 이것은 자기 마음이나 목적을 바꾸는 것을 말한다. 회개하라는 말은 원칙과 관습을 바꾸라, 개혁하라는 말씀이다. 회개는 방향전환이며, 돌이키는 것이다. 그 동안의 잘못을 깨닫고, 죄를 통회하라는 것이다. 그리고 이제는 죄를 떠나 의에 길로 방향을 전환하라는 것이다.

천국이 가까이 왔다는 말씀은 중요한 상황을 선언하는 것이다. 그러기에 행동의 결단을 촉구한다.

이 책을 읽는 사랑하는 형제, 자매여 진정 '회개'하였는가? 내가 죄인임을 통감하고, 눈물을 흘렸는가? 그리고 이제 죄를 버리고 방향을 바꿔 예수님을 따라 살기로 작정하였는가? 좋은 말씀을 많이 듣고, 기적을 체험해도 회개하지 않으면 결코 하나님 나라에 들어갈 수 없다.

가버나움의 많은 사람들이 좋은 말씀을 듣고 복음의 능력을 경험했다. 그러나 그들은 결국 자신의 마음을, 목적을 바꾸지 않았다. 우리의 마음을 어디로 바꾸어야 하는가? 예수님께서 분명하게 말씀하신다. "너희는 먼저 그의 나라와 그의 의를 구하라"

사랑하는 형제, 자매여 먼저 하나님의 나라와 그의 의를 구하고 있는가? 내 인생의 목표를 바꾸어야 한다. 진정으로 회개하고, 좁은 길로 들어가 천국에 이르는 우리 모두가 되어야 한다.

제자를 부르심

1) 부르심의 때

예수님께서 제자를 부르시는 장면과 그때에 대해 잠시 생각해 보자. 마태복음 4장을 보면 자기 생업에 성실하게 일하는 베드로와 안드레가 바다에 그물을 던지고 있었다. 야고보와 요한도 자기 생업에 충실하여 그물을 깁고 있었다. 그때에 예수님께서 오셔서 그들을 부르셨다. 이것은 주님께서 생업에 성실한 사람을 부르신다는 뜻일까? 그럴 수도 있지만, 그보다는 하나님께서 우리를 부르실 때는 의외의 시간에 의외의 장소에서 부르신다고 해석하는 것이 좋다. 왜냐하면 교회에서 말씀을 듣다가, 기도하다가 부름 받은 것이 아니라, 일하는 중에 부르셨다는 것은 조금 의외이기 때문이다.

어린 사무엘은 잠을 자다가 하나님의 부르심을 받았다. 일하다가 부르심을 받은 것이 아니다. 하나님께서는 시간과 장소에 제약을 받지 않으신다. 그렇다면 언제 부르시는가? 바로 **하나님의 때**에 부르시는 것이다. 하나님의 **필요가 있으실 때 부르신다.** 모세도 필요한 때에 부르신 것이다.

이 책을 읽는 사랑하는 형제, 자매여, 하나님의 일은 내가 원해서 하는 것이 아님을 기억해야 한다. 내가 원하는 때에 하는 것이 아니라 하나님께서 원해서 하게 되는 것이고 하나님의 때에 하게 되는 것이다. 따라서 하나님의 때에 하나님이 우리에게 따라오라고 부르시는 것이다.

지금 이 시간, 성령의 감동으로 이 책을 읽게 하신 주님께서, 바로 당신을 부르려고 하시는 것일 수 있다. 주님의 부르심에 민감하고 진지하게 반응하라.

2) 부르심의 내용

예수님의 부르심의 내용이 무엇인가? 마태복음 4장 19절에 "말씀하시되 나를 따라오라 내가 너희를 사람을 낚는 어부가 되게 하리라 하시니"라고 말씀한다. 여기에는 두 가지 내용이 나온다.

첫째, 나를 따라오라. 둘째, 내가 너희를 사람을 낚는 어부가 되게 하리라. 이 말씀이다. 주님의 부르심은 간단하다.

'나를 따라오라'에서 '오라'는 말씀은 '듀테'인데, '오라, 지금 오라'라는 뜻이다. 그리고 '따라'라는 말은 '오피소'인데, '따라, 뒤에' 이런 말이다. 즉, 지금 나를 따라오되 내 뒤에서 오라는 말이다. 주님을 앞서가는 것이 아니라 뒤에서 따라가는 것이다. 바로 이것이 제자의 자세이다.

이처럼 제자는 따라가는 사람(a follower)이다. 예수님의 제자 역시 마찬가지이다. 예수님을 뒤에서 따라가는 사람이다. 예수님을 따르는 사람에게 주님께서 약속을 주신다.

"너희를 사람을 낚는 어부가 되게 하리라."

그들이 하는 일에 필연적 변화가 있을 것을 강조하고 있다. 실제로 마태복음 4장에는 4명의 어부를 부르시는데 이 제자들은 과거에는 어부였으나, 이제부터는 사람을 낚는 어부가 되는 것이다. 나는 서울에서 태어나고 자라서 어부의 일을 잘 모르지만, 해변을 많이 접하게 되는 미국 플로리다에서 여러 해 목회를 하면서 몇 가지를 배웠다.

첫째, 어부는 준비해야 한다. 물고기를 낚을 준비가 되어야 제대로 낚을 수 있기 때문이다. 베드로와 제자들은 예수님을 따라다니면서 서서히 준비되어 갔다.

둘째, 어부는 고기잡이할 바른 시기를 분별할 줄 알아야 한다. 사람 낚는 것도 마찬가지이다. 이후에 베드로는 가장 적당한 때에 말씀을 전해서 한번에 삼천 명, 그리고 오천 명을 낚았다.

셋째, 어부는 소망을 품고 사는 사람이다. 자기가 심지 않았고, 뿌리지 않았으나 낚을 것이 있음을 믿고 낚을 수 있다고 희망을 갖고 사는 사람이다. 실로 베드로는 자기가 심거나 뿌리지 않았으나, 하나님께서 예비하신 많은 영혼을 낚았다.

천국 복음은 모든 세대를 위한 것이다. 천국에 들어가도록 회개를 요청하는 설교자들이 계속 나오기 위해 예수님께서 사역을 맡길 사람을 택하신 것이다.

베드로와 안드레는 본래 벳새다 사람이었다(요 1:44). 아마도 나중에 가버나움으로 이사 온 것으로 보인다. 예수님처럼 다른 곳에서 그곳으로 온 사람들이었다. 그런데, 예수님께서 "나를 따라오라 내가 너희를 사람을 낚는 어부가 되게 하리라" 하실 때, 하나님 나라를 위해 자신의 것을 내려놓았다.

이처럼 주님의 부르심 앞에 뒤를 따르는 제자가 되는 결단을 우리도 해야 한다.

3) 부르심에 대한 반응: 즉각적인 순종, 겸손한 순종과 신속성

예수님의 부르심에 이 어부들은 즉각적으로 반응했다. 즉, 이들은 겸손하고 빠르게 순종했다. 베드로와 안드레를 부르시자 "그들이 곧 그물을 버려두고 예수를 따르니라"고 성경은 증언한다(마 4:20). "곧" 버려두고 따라간 것이다. 여기서 "그물을 버려두고"라는 말은 자기 생계 수단을 버려두고 따라간다는 것을 의미한다.

예수님께서 또한 야고보와 요한을 부르시자 그들도 즉각적으로 반응했다.

"그들이 곧 배와 아버지를 버려 두고 예수를 따르니라"(마 4:22)

역시 배와 아버지를 버려두고 "곧" 따라간다. 이들은 부르심을 받을 때, 조금도 지체하지 않고 예수님을 따라나섰다. 혈연관계도 상관하지 않았고, 미련 없이 직업을 버렸다는 사실이 성경에 강조되어 있다. '곧'이라는 단어는 헬라어 원어로 '유쎄오스'인데, '직접, 즉시'라는 뜻이다. 그들이 즉시, 직접 버렸다는 뜻이다.

이 책을 읽는 사랑하는 형제, 자매여, 이 부분을 잠시 묵상하며 생각해 보기를 권한다. 어떻게 이들의 순종이 즉각적일 수 있었을까? 이유는 간단하다. 준비되어 있었기 때문이다.

우리는 이것을 보면서 깊이 생각할 것이 있다. 우리가 부르심을 받기 원한다면 무엇을 해야 하는가? 아무것도 할 것이 없다. 그러나 꼭 하나는 해야 한다. 그것은 준비되어져야 한다는 것이다. 무슨 준비를 말하는가? 모든 것을 포기할 준비이다. 따라가려면 모든 것을 포기해야 하기 때문이다.

우리는 주님께서 부르실 때를 위해 준비되어야 한다. 무슨 준비인가? '포기'다. 모든 것을 포기할 수 있는가. 그것이 제자의 가장 중요한 자세다. 이것이 기본으로 되어야 그다음 훈련이 된다. 예수님께서 이들을 왜 부르셨는가? 훈련하기 위해서 부르셨다.

참고로 예수님의 제자를 향한 부르심은 여러 가지로 나타나는데 그중에 요한복음 1장에 나오는 부르심이 있다. 여기에는 세례 요한의 제자 두 명이 나오는데 안드레와 다른 한 명이다. 아마도 요한일 것이라고 성서학자들은 대체로 생각한다. 예수님은 그들에게 "와 보라"고 말씀하신다. 그리고 안드레가 베드로를 예수님께 데리고 온 후 만나게 된다.

이처럼 처음의 부르심은 와 보라고 하시고 함께 대화를 나누시는 것이었다. 그리고 마태복음의 이야기는 어느 정도 시간이 지난 후라고 여겨진다. 즉, 베드로와 안드레는 예수님을 알고 있었다. 그런데, 예수님께서 부르시자 따라오는 것이다. 정신없는 사람이 아무나 부르자 따라간 것이 아니다. 그들은 예수님을 이미 알고 있었고 따를 마음의 준비를 하고 있었던 것이다.

열두 사도의 부르심은 분명히 시간이 더 지난 후의 일이다. 이것은 마태복음 10장에 나오는데 열두 사도가 되는 길에 여러 과정이 있었던 것이다. 우선 아는 사람 중의 하나가 된다. 그리고 부르셔서 따르는 제자 중의 하나가 된다. 본격적으로 모든 것을 포기하고 따른다. 그리고 그런 사람 중에 '열둘' 중의 하나로 결국 선정이 된 것이다.

따라서 1장에서 우리가 살펴본 마태복음 4장은 '헌신'의 '시작'이다. 예수님을 따르는 것, 지목되고 보다 크게 쓰이는 것은 한 번 되었다고 끝나는 일이 아니다. 주님께서 계속 데리고 다니시면서 훈련되는 모습을 보며 결정하신 것이다. 그는 그야말로 수많은 사람 가운데 선정된 사람인 것이다.

예수 그리스도와 만나고 교제했으나, 이제 제자가 되기 위한 본격적인 훈련에 들어가야 했다. 이 책을 읽는 사랑하는 형제, 자매여, 1장을 마치면서 결론적으로 생각할 일이 있다.

결론적 도전

가버나움인가? 제자인가?

우리가 여기서 던져야 할 질문이 있다. 우리는 가버나움이 될 것인가? 아니면 제자가 될 것인가? 하는 질문이다. 가버나움처럼 대중적이고 많은 은혜를 체험했으나, 결국 멸망하는 사람들이 될 것인가? 아니면, 오늘 본문에 나오는 제자들처럼 소수지만, 택함 받은 순종의 사람들이 될 것인가? 지금 이 시간 우리 주님께서 우리에게 동일하게 질문하신다.

"나를 따라오라" 이 명령을 따라가시겠는가? 과연 나는 이 명령을 따라갈 수 있는가?(나는 따라간다. 그래서 이 책도 쓰는 것이다. 바라기는 이 책을 읽는 형제, 자매도 모두 주님의 명령 앞에 즉시 모든 것을 버려두고 따를 수 있는 진정한 예수님의 제자들이 되기를 바란다.)

괴테의 글 중에 이런 말이 있다.

"인간의 생활과 일생의 운명은 한순간에 의해 결정된다. 오래 시간을 끈다고 해도 결정은 한순간에 내리게 된다. 오직 분별력 있는 사람만이 바른 결정을 내릴 수 있다. 선택에 있어서 여러 가지를 생각하여 마음을 혼란시키는 것은 위험을 증대시킬 뿐이다."

그렇다. 지금 이 순간 결단하라. 중국 순임금이 어느 날 신하들에게 이상한 명령을 내렸다. "우물에서 물을 길어 구럭에다 부으라." 참고로 구럭은 그물처럼 만든 주머니를 말한다. 따라서 밑 빠진 독처럼, 구럭에 아무리 물을 부어도 채울 수 없다. 신하들이 수군거리며 순종하지 않았다. 그런데, 한 충성된 신하가 "임금님의 명령을 어찌 거역하겠는가?" 하고는 하루 종일 물을 길어 부었다. 계속 붓다가 보니 우물의 물이 다 줄어서 없어졌다. 그런데, 우물 밑을 보니 누런 황금덩어리가 빛나고 있다. 그것을 끌어올려서 임금님에게 드렸다. 그러자 순임금이 기뻐하며 말했다.

"이것은 순종한 자의 상급이요. 그대가 가져가시오." 왕이 순종하는 사람에게 주려고 했던 것이다.

이 책을 읽는 사랑하는 형제, 자매여, 이제 "나를 따라오라"는 주님의 부르심 앞에 지체 없이 순종하는 우리 모두가 되자. 만왕의 왕이신 예수님께서 약속하셨다.

> 또 내 이름을 위하여 집이나 형제나 자매나 부모나 자식이나 전토를 버린 자마다 여러 배를 받고 또 영생을 상속하리라 (마 19:29)

"나를 따라오라." 이 부르심 앞에 순종으로 답하여, 여러 배로 큰 보상을 받고 영생을 상속하는 우리 모두가 되기를 진심으로 바란다.

2장

관계

좋을 때만 따르는
팬이 아니라,
어떤 경우에도 따르는
진정한 제자가 되라

2장

관계

종을 때만 따르는 팬이 아니라,
어떤 경우에도 따르는
진정한 제자가 되라

어느 교회에서 찬양대가 성탄절을 준비하는 특별 연습을 하는데, 지휘자가 사정이 생겨 늦게 되었다. 그래서 총무에게 임시로 연습을 하라고 부탁했다. 그런데 총무는 운동은 매우 잘하는데 음악은 영 못했다. 그래도 순종하는 마음으로 손을 들고 지휘를 시작했다. 손을 높이 들었다가 아래로 내리면서 말했다.

"요이~~~ 땅!"

사람은 자기가 좋아하는 것을 즐긴다. 그래서 예수님을 좋아하는 것은 필요하다. 예수님께서 세상에 계실 때, 좋아하는 사람들이 많았다. 그야말로 광적인 팬들도 있었다.

마태복음 8장에 보면 예수님께서 귀신 들린 사람들, 병든 사람들을 다 고쳐 주셨다. 그러자 사람들이 예수님을 에워싸기 시작한다. 열광하는 팬들이 엄청나게 많아진 것이다. 그래서 예수님께서 열정적인 팬들을 피해서 배를 타고 건너편으로 가셨다. 그 과정에서 세 가지 일이 생기는데 예수님께서 세 가지 말씀을 하신다. 그 속에 우리가 배울 중요한 원리가 있다.

좋을 때만 따르는 팬이 아니라, 어떠한 경우에도 따르는 제자가 되라는 것이다.

희생을 각오하라

우선 예수님께서 서기관과의 대화를 통해 좋을 때만 따르는 팬이 아니라, 나쁠 때도 따르는 진정한 제자가 되어야 한다는 교훈을 주신다. 즉, 희생을 각오하라는 것이다. 우리에게 잘 알려진 명언 중에 흔히 클라크 박사로 알려진 삿포로농업학교 초대 교감인 윌리엄 스미스 클라크가 했던 말이 있다.

"소년들이여, 야망을 가져라!"(Boys, be ambitious!)

그는 기독교인으로서 꿈을 강조했던 것이다. 그는 이렇게 말했다고 한다.

"소년들이여, 야망을 가져라. 돈을 위해서가 아니라, 이기적 성취를 위해서가 아니라, 사람들이 명성이라고 일컫는 쉽게 사라지는 것을 위해서가 아니라, 사람이라면 갖추어야 할 모든 성취를 위해 야망을 가져라."

우리는 '비전'(꿈)을 중시하는 시대를 살고 있다. 한 개인이 비전을 갖는 것 중요하다. 가정이 비전을 갖는 것이 필요하다. 교회도 그렇다. 사회도 그렇다. 국가도 그렇다. 꿈이 없으면 망하기 때문이다.

그런데 비전을 잘 이해할 필요가 있다. 많은 사람들이 소위 '멋진' 비전을 갖는 것이 중요하다고 생각한다. 그리고 아주 '멋진' 구호를 만드는 것을 중시한다. 그리고 기왕이면 '많고 멋진' 비전을 좋아한다. 그런데 정말 중요한 것은 비전은 많아야 하는 것이 아니다. 단 하나라도 좋다. 정말 중요한 것은 '내게 맞는 비전'을 갖는 것이다. 나의 사명에 맞는 비전을 갖는 것이 좋다.

예수님께서 배를 타고 건너편으로 가려고 하시자, 당대의 선생님으로 불리던 한 서기관이 와서 말한다. 서기관은 성경에 대해 매우 잘 안다. 그런데 그가 예수님을 존경하고 따르기로 한다. 그러면서 그가 말한다. "선생님이여, 어디로 가시든지 저는 따르리이다."

이 사건은 의미가 크다. 서기관이 예수님을 따르기로 했다는 것은 기적과 같은 일이다. 그는 가르치는 자인데, 그 부분에서 예수님의 탁월하심을 인정했다는 뜻이다. 이 서기관의 말은 아주 간결하지만, 아주 확고하고 선명한 말이다. "선생님이여 어디로 가시든지 저는 따르리이다" 정말 멋진 비전이다. 멋진 구호이다. 훌륭한 '결심'이다. 그런데 예수님께서 특이하게 답하셨다.

여우도 굴이 있고 공중의 새도 거처가 있으되 인자는 머리 둘 곳이 없다

(마 8:20)

들짐승들도 자기가 거하는 보금자리가 있다. 그런데 짐승이나 새들이 즐길 수 있는 최소한의 여건도 예수님은 갖추지 못했다는 말이다. "인자는 머리 둘 곳이 없다"라는 말은 주님께서 가시는 길은 꽃길이 아니라는 뜻이다. 실제로 예수님은 이제 배를 타고 건너가서 군대 귀신을 쫓아내실 것이다. 그런데 그 과정에서 많은 돼지가 죽자 그 마을 사람들이 예수님에게 떠나 달라고 간청한다(마 8:34). 예수님께서 이후에 사마리아를 지나실 때, 그들이 예수님을 거절한다(눅 9:52-53). 나중에 로마 총독 빌라도가 질문할 때, 사람들이 예수님을 십자가에 못 박아 죽이라고 할 것이다(마 27:23). 이것을 아시는 주님께서 서기관에게 주의를 시키시는 것이었다.

우리는 예수님의 사역 본거지인 '가버나움'에 대해 앞 장에서 다루었

다. 가버나움도 회개하지 않았다. 예수님은 정말 머리 둘 곳이 없는 삶을 사셨다. 예수님 제자의 길에 최종적인 영광스러운 상급이 있다. 그러나 그 과정, 제자의 길은 십자가 길이다.

따라서 예수님께서 서기관에게 하신 말씀은 마치 이런 말씀과 같다.

"네가 나를 따르기 전에 네가 무엇을 하는 것인가를 생각하라."

"네가 나를 따르기 전에 어떤 희생을 지불해야 하는가를 생각하라." 라는 뜻이다.

예수님은 고난의 종이었다. 그래서 누군가 이런 말이 있다.

"예수님의 생애는 빌린 마구간에서 시작하시어 빌린 무덤에서 마치셨다."

일시적인 감격을 주의하라. 감격은 일순간 불타다가 곧 꺼져 버린다. 감정의 물결은 급히 밀려왔다가 속히 물러간다. 흔히 사랑에 빠지는 것도 2~3년이라고 한다.

카일 아이들먼 목사님이 쓴 『Not a fan』(팬이 아니다)이라는 책이 있다. 한국어판에는 『팬인가, 제자인가』로 제목을 냈다. 그분은 책에서 이런 질문을 한다.

"당신은 예수님의 제자인가?" 그는 이 질문이 우리 인생에서 가장 중요한 질문이라고 주장한다.

그는 많은 사람이 제자가 아니라 팬(fan)이라고 설명한다. 팬의 사전적

정의는 "누군가를 열정적으로 좋아하는 사람"이다. 관람석에 앉아 팀을 응원한다. 그러나 경기에는 나서지 않는다. 고함지르고 응원하지만, 경기를 위해 희생은 하지 않는다. 게다가 응원하는 팀이 자꾸 지면, 좋아하던 마음이 조금씩 식고, 심지어 다른 팀의 팬이 되기도 한다. 그는 주장한다.

"예수님이 원하시는 관계 중에 스타와 팬의 관계는 없다."

그러면서 "오늘날 교회의 가장 큰 문젯거리는 <u>스스로 그리스도인이라고 말하지만 정작 그리스도를 따를 생각은 추호도 없는 팬들</u>"이라고 말한다. 일리가 있는 이야기이다.

'일시적 감격'이 나쁜 것은 아닌데, 사람들은 앞의 작은 '장애물'을 매우 힘들어한다. 예수님께서 그것을 말씀하신 것이다. 이 서기관도 아마 예수님의 팬(fan)이었음에 틀림없다. 그에게 주님께서 말씀하신 것은 모든 팬을 향한 말씀이다. 즉, 자신의 행동을 잘 이해하고 실행하라는 것이다. 제자는 십자가를 져야 한다. 가장 사랑하는 가족이라도 버리고 따라야 한다. 주님이 명령하시면 가난한 자를 위해서 소유를 나누어 주고 따라야 한다. 예수님께서 말씀하시는 것은 이런 것이다.

"나를 따르고자 하는 것을 알고 있다. 그러나 그것을 실행할 만큼 나를 사랑하고 있는가?"

열심을 꺾으려는 것이 아니다. 단지 현실을 무시한 열심의 불꽃은 계

속 타지 못한다. 그래서 경고하시는 것이다. 신앙의 길, 제자의 길은 안일한 길이 아니다.

따라서 '희생'을 각오하라. 예수님의 첫 말씀에서 얻는 첫 교훈은 팬(fan)이 아닌 제자가 되라는 말씀이요, "희생을 각오하라"는 것이다.

이 책을 읽는 사랑하는 형제, 자매여, 당신은 예수님의 팬인가? 제자인가? 과연 말처럼 어디로 가시든지 따르겠는가? 진정 어디로 가시든 따르는 사람들이 되기를 바란다. 팬이 아니라, 제자가 되라.

"희생(어려움)을 각오하라."

변명하지 말고 따르라

서기관과의 대화 이후에 제자 중에 한 사람이 예수님과 대화하는 장면이 있다. 마태복음 8장 21절에 이런 이야기가 나온다.

제자 중에 또 한 사람이 이르되 주여 내가 먼저 가서 내 아버지를 장사하게 허락하옵소서

여기서 이 사람은 '제자'라고 일컬어지고 있다. 누군지는 알 수 없다. 어떤 성경학자는 '도마'일 수 있다고 추정하기도 한다. 확실하지는 않다.

그러나 '제자'로 일컬어지고 있다. 소명의식이 있다. 단지 형편이 그러하니, 우선순위를 바꾸도록 허락해 달라는 요청이다.

우리에게 변명거리가 있을 수 있다. 주님을 '먼저' 최우선으로 할 수 없는 이유를 댈 수 있다. 그런데 예수님의 답변은 우리에게 도전이 된다. 예수님께서 그 제자에게 말씀하셨다.

죽은 자들이 그들의 죽은 자들을 장사하게 하고 너는 나를 따르라(마 8:22)

어찌 보면 냉혹한 말씀처럼 들린다. 마치 부모의 장례를 무시하는 말씀처럼 들리기 때문이다. 그런데 구약을 알면 조금 이해가 된다. 자식이 아버지를 장사하는 것은 중요한 도리이다. 그러나 주님께 바쳐진 '대제사장' 그리고 주께 일정 기간 바쳐진 '나실인'은 죽은 부모를 만져서는 안 된다. 따라서 그런 차원에서 이해한다면, 충분히 이해가 된다. 한 가지 설명할 수 있는 성서적 해석이다.

그런데 당시 시대적 배경을 이해하는 것 또한 필요하다. 이 말은 아버지가 죽었다는 말이 아니라 단지 "저의 아버지가 돌아가시고 제가 자유롭게 되면 당신을 따르겠습니다." 이런 말이라고 보기도 한다. 왜냐하면 아버지가 죽었다는 말이 없기 때문이다. 아마도 나이 많은 아버지여서 그랬을 수 있다.

어떤 경우이든, 이 말씀이 우리에게 가르쳐 주는 두 번째 교훈은 변명하지 말고, 주님을 따르라는 것이다.

우리의 인생에 기회는 항상 있지 않다. 주님을 섬기는 일도 역시 그렇다. 즉시 결단하지 않으면 영원히 따르지 못하는 것이 있다. 지금 거기서 나오지 않으면 이후에 결코 떠나지 못할 수도 있다.

사실 많은 사람이 높은 차원에 마음을 둘 때가 있다. 단지 실천을 못하고 지나는 때가 많다. 따라서 하나님의 나라와 의를 추구함이 먼저 앞서야 한다. 비극은 기회를 포착하지 못하고 놓치는 것이다. 영국의 탁월한 저술가 웰스가 젊은 시절 포목점에서 일하고 있었다. 그런데 어느 날 그가 내적인 깊은 예언적인 음성을 들었다.

"더 늦기 전에 어떤 희생을 치르는 한이 있어도 그 사업에서 뛰쳐나와라"

그는 조금도 지체하지 않고 뛰쳐나왔다. 그리고 유명한 영국의 저술가가 되었다.

'오늘 이 시간' 결단하라. 지금을 놓치면, 영원히 기회는 없을 수 있다. 변명하지 말고, 따르라!

무서워하지 말라(풍랑 속에서 제자들에게 하신 말씀)

좋을 때만 따르는 팬이 아니라, 어떤 경우에도 따르는 제자가 되면 좋은 일만 있을까? 결코, 아니다. 예수님께서 제자들과 함께 배를 타셨다. 예수님은 피곤하셨는지 배에서 주무셨다. 그런데 바다에 큰 놀이 일어나 배가 물결에 덮이게 되었다. 큰 폭풍이 일어난 것이다. 갈릴리 호수의 특징은 폭풍이 돌연히 들이닥치고 매우 맹렬하다는 것이다. 경험한 사람의 말에 의하면 "바람은 맹렬할 뿐 아니라 갑자기 몰아쳐 왔고 어떤 때는 하늘이 완전히 맑은 때도 그러했다."라고 한다.

성경에 쓰인 폭풍이라는 말은 '세이스모스'인데, '지진'이라는 의미를 가진 말이다. 그만큼 두려운 것이다. 사람들은 흔히 예수님과 함께하면 아무 어려움 없을 거라고 생각한다. 그런데 성경은 분명히 말한다. 예수님께서 우리와 함께하셔도 폭풍이 불 수 있다. 잘못된 기대감을 갖지 말라. 예수님이 우리와 함께하셔도 어려움이 생길 수 있다. 또한 오해하지 말라. 우리 삶에 어려움이 생기는 것은 곧 주님이 우리와 함께하시지 않기 때문은 결코 아니다. 이 사실을 항상 기억하자. 그리고 불필요한 절망감을 갖지 말라.

제자들이 급해서 예수님을 깨우며 말했다. "주여 구원하소서. 우리가 죽겠나이다." 남자들이다. 그런데 오죽 겁이 나면 그랬을까? 이들이 예수님께 부탁한 이유는 무엇을 할 수 있다고 믿었기 때문일까? 아니면 그냥 급한 김에 그런 것이었을까? 물에 빠진 사람이 지푸라기라도 잡는 심정으로…. 어찌되었든 주님을 깨우고 도움을 요청했다. 우리도 급하면 기도해야 한다. 요청해야 한다. 단지 너무 호들갑 떨 필요는 없다.

제자들을 향해 예수님께서 말씀하셨다.

"어찌하여 무서워하느냐 믿음이 작은 자들아"(마 8:26)

놀라운 말씀이다. 도전적인 말씀이다. 그래서 "철학은 인간의 질문에서 시작이 되고, **신앙은 하나님의 질문에서 시작이 된다.**"는 말이 있다. "어찌하여 무서워하느냐 믿음이 작은 자들아" 우리의 두려움은 우리의 믿음이 작기 때문인데 이것을 인정할 필요가 있다. 우리의 믿음은 작기 때문에 우리는 두려워한다. 당신은 자주 두려운가? 믿음이 작다는 뜻이다. 주님께 큰 믿음을 달라고 간구하라. 예수님께서 바람과 바다를 향해 꾸짖으셨다. 그러자 아주 잔잔하게 되었다. 놀라운 일이 벌어진 것이다.

제자들의 반응은 놀라움 그 자체였다. 그들이 말했다.

"이이가 어떠한 사람이기에 바람과 바다도 순종하는가?"(마 8:27)

이것은 단순히 기상학적인 폭풍을 잔잔하게 하신 것만이 아니다. 예수님께서 계신 곳에는 인생의 폭풍이 잔잔해진다는 뜻이다. 하나님의 임재, 예수가 함께 계시면 어떤 폭풍이 불어닥쳐도 평화가 있다는 것을 기억하라.

바다에서 상어 하면, 겁날 게 없어 보이는 존재다. 그런데 강한 상어지만, 대신 상어에게는 부레(공기주머니)가 없다. 부레가 있어야 지느러미를 움직이지 않아도 원하는 수심에 머물 수 있다. 그런데 상어는 부레가 없어서 움직이지 않으면, 그냥 가라앉게 되어 있다고 한다. 따라서 상어는 태어나서 죽을 때까지 계속 헤엄을 친다고 한다. 그래야만 하기 때문이다. 심지어 잘 때도 꼬리지느러미를 움직인다. 그것이 상어가 살아가는 방법이다.

이 책을 읽는 사랑하는 형제, 자매여, 우리에게 꼭 필요한 것이 있다. 그것은 '믿음'으로 사는 것이다. 무서워하지 말라. 불신으로 겁내지 말라. 주님을 믿으라. 우리는 태어나서 죽을 때까지 '믿음'으로 살아야 한다. 그래야 산다. 상어가 지느러미를 멈추지 않고 헤엄쳐야 하는 존재인 것처럼, 우리는 기도하며 믿음으로 움직여야(살아야) 한다.

결론적으로 세 가지 차원에서 우리와 주님의 관계를 생각해 보자.

첫째, 나는 팬인가? 제자인가? **'희생'**(어려움, 고난)을 **각오했는가?** '십자가'를 매일 지고 가는가?

둘째, 나는 변명하는가? 변명하지 않고 따르는가? 주님을 따르는 기회를 잡았는가?

셋째, 나는 무서워하는가? '믿음'으로 살아가는가? '담대함'으로 풍랑 속에 주님과 함께 있는가?

주님을 좋을 때만 따라가는 팬이 아니라, 어떤 상황에서도 따르는 제자가 되자. 두려움을 이기고 믿음으로 따라가는 참된 제자가 되자.

2장을 마치면서 존 프라이스라는 사람이 쓴 '미완성 비유'란 글을 생각해 보자. 그의 글은 이렇다.

한 남자가 결혼했습니다. 그는 신혼여행이 끝나자마자 사라졌습니다. 몇 달 후 갑자기 나타난 남자를 보고 신부는 몹시 화를 냈습니다. 그러자 남자가 말했습니다.

"왜 화를 내시오? 내가 분명히 결혼했고 분명히 사랑한다고 말했고 매주 돈을 보냈는데 무엇이 더 필요하지요?"

한 아이가 학교에 입학했습니다. 그 아이는 입학식 다음 날부터 학교에 나타나지 않았습니다. 가정 방문을 온 교사에게 아이의 어머니가 말했습니다.

"우리 아이는 집에 있으나 학교에 가나 학자가 될 거예요. 날마다 뒤뜰에서 자연 관찰을 하며 공부하고 있으니까요."

한 청년이 군대에 들어갔습니다. 충성 서약을 마친 후 그 청년은 사라져 버렸습니다. 그러다가 헌병에게 체포되었을 때 청년은 말했습니다.

"열다섯 살부터 총을 쐈어요. 전쟁이 나면 나를 부르세요. 당신들보다 나을 테니까."

어떤 사람이 예수를 믿기로 했습니다.…

글은 여기서 끝난다. 이 미완성 비유는 각자가 더 써보라는 뜻에서 미완성으로 끝낸 것이다. 이 책을 읽는 사랑하는 형제, 자매여, 당신은 그 뒤에 무엇이라고 쓸 수 있는가? 무엇을 쓸 계획인가?

예수님의 세 가지 답변 앞에 우리는 분명한 자세를 보여야 한다.

당신은 예수님의 팬인가? 제자인가?

제자로서 변명하는가? 무조건 따르는가?

제자로서 두려워하는가? 믿음으로 사는가?

바라기는 팬이 아니라, 제자가 되고, 변명하지 말고 따르는 기회를 놓치지 말고, 두려움을 이기고 믿음으로 승리하며 사는 우리 모두가 되기를 바란다.

Practical Discipleship

3장

분별

운을 찾는
넓은 문이 아니라,
복이 있는
좁은 문으로 들어가라

3장

분별

운을 찾는 넓은 문이 아니라,
복이 있는 좁은 문으로 들어가라

당신에게 어떤 직장(혹은 사업)의 기회가 있다고 하자. 일하는 이유 중 하나가 봉급인데, 똑같은 회사인데 봉급이 다르다고 하자. 세 가지를 당신이 선택할 수 있다고 한다면 무엇을 선택할까?

첫째, 돈 하나도 안 주는 곳. 둘째, 매년 1억을 줘서 10년 동안 10억을 주는 곳. 셋째, 입사와 동시에 100억을 주는 곳. 어디를 선택할 것인가? 당연히 세 번째를 선택하는 것이 정상적이다.

운을 찾는 삶 vs. 복 있는 삶

물질적 운을 바라는가? 매년 억대 연봉을 받으면 좋은 것이다. 이 책을 쓰는 시점에서 억대 연봉은 보통 사람보다 많이 받는 것이므로 좋다는 것이다. 그런데 그보다 더 좋은 것이 있다. 운이나 복을 돈으로 바꾸어서 생각해 보자. 돈을 받기를 원하는가? 아니면 돈이 있기를 원하는가? 다시 말해 1억씩 10년 받기를 원하는가? 당장 100억이 있기를 바라는가? 지금 100억이 있는 것이 당연히 낫다. 마찬가지다. 운이 생기기를 바라는가? 복이 있기를 원하는가? 복이 있는 것이 좋은 것이다.

예수님께서 산 위에서 제자들에게 가르치신 제자도가 있다. 그 시작은 "복이 있나니…"라고 하시는 여덟 가지 복, 즉 팔복으로 시작된다. 그런데 예수님께서 "복을 받으라"고 하시지는 않았다. "복이 있나니…" 즉 복이 있다고 하신다. 제자는 복 받는다기보다, 운이 생긴다기보다, 복이 있는 사람이다.

돈을 받을 수 있다는 말이라기보다 돈이 있다는 말처럼… 즉, 이미 소유한 것이다.

주님의 말씀을 주의 깊게 들으면 그것을 깨닫게 된다. 주님께서는 우리에게 복 받는 법에 대해서 말씀하신 것이라기보다, 복 있는 제자도에 대해서 말씀하시는 것이다. 운을 찾는 길이 아니라, 복 있는 길에 대해서 말씀하시는 것이다.

잘 생각해 보면 시편 1편도 그렇다. 복 받는 사람은… 이렇게 시작되는 것이 아니라, 복 있는 사람은… 이렇게 시작된다. 시편 1편 1절을 시작할 때 "복 있는 사람은"이라고 하면서 말씀을 기록한다.

> 악인들의 꾀를 따르지 아니하며 죄인들의 길에 서지 아니하며 오만한 자들의
>
> 자리에 앉지 아니하고 오직 여호와의 율법을 즐거워하여 그의 율법을 주야로
>
> 묵상하는도다 그는 시냇가에 심은 나무가 철을 따라 열매를 맺으며 그 잎사
>
> 귀가 마르지 아니함 같으니 그가 하는 모든 일이 다 형통하리로다(시 1:1-3)

다시 말하면 복 받는 사람이 아니라, 복 있는 사람에 대해서 말씀한다. 즉, 이미 복 있는 사람에 대한 설명일 뿐이다.

이 책을 읽는 사랑하는 형제, 자매여, 복 받는 사람이 되고 싶은가? 운 좋은 사람이 되고 싶은가? 그보다 더 나은 복 있는 사람이 되라. 그것이 제자의 길이다. 이것이 모든 족속(민족)에게 전파되어야 할 복음(좋은 소식)이다. 복 받으라는 말보다 '더 귀한 말'은 제자가 되어 복 있는 사람으로 살라는 것이다. 제자로 복 있게 살라.

예수님의 가르침의 정수가 담긴 산상수훈은 마태복음 5-7장에 나온다. 시작은 5장에서 "복이 있나니"로 시작이 되고 마지막은 7장 중요한

결론을 말씀하신다. 마태복음 7장 12절에서 "그러므로 무엇이든지 남에게 대접을 받고자 하는 대로 너희도 남을 대접하라 이것이 율법이요 선지자니라" 이것은 소위 '황금률'(the golden rule)이라고 불린다. 모든 법과 원칙 중에서 최고의 법, 황금률. "무엇이든지 남에게 대접을 받고자 하는 대로 너희도 남을 대접하라" 받으려고만 하지 말고, 대접하라는 말씀이다.

그러면서 좁은 문과 넓은 문에 대해서 말씀한다.

> 좁은 문으로 들어가라 멸망으로 인도하는 문은 크고 그 길이 넓어 그리로 들어가는 자가 많고 생명으로 인도하는 문은 좁고 길이 협착하여 찾는 자가 적음이라(마 7:13-14)

좁은 문으로 들어가라고 말씀한다. 넓은 문으로 들어가는 자가 많은데 멸망으로 인도하는 문이라고 말씀한다. 문이 크고 길이 넓어서 사람들이 운 좋게 생각하는 넓은 문을 피하라고 권고하신다. 복된 길, 생명으로 인도하는 문은 좁고 길이 협착하지만 그것은 생명의 길이다.

이 책을 읽는 사랑하는 형제, 자매여, 우리 앞에 좁은 문과 넓은 문이 있다. 어디로 들어갈 것인가? 제자는 좁은 문으로 들어가야 한다. 그것이 복된 길이다. 생명의 길이다. 분별력을 가지고 잘 선택하라.

넓은 문의 세 가지 특징

보통 사람들, 보통 신앙인은 넓은 문으로 들어간다. 그들이 찾는 넓은 문의 세 가지 특징이 있다.

1) 복을 원하되 복이 없다

첫째, 복이 없다. 복을 간절히 원하지만 복이 없는 것이다. 천국이 없다. 위로도 없고, 미래도 없고, 만족도 없다. 긍휼히 여기는 자도 없다. 하나님을 모르고, 보지 못한다. 문제를 일으키는 트러블 메이커로, 불화를 만들고 천국에서 받을 상이 없다. 즉, 복을 원하되 복이 없는 삶을 사는 것이다.

2) 이익을 추구하되 버림을 받는다

둘째, 이익만을 추구한다. 따라서 버림을 받는다. 사람들에게 짓밟힌다. 비참하게 된다. 악하게 산다. 그래서 항상 어두움에 거한다. 이익을 추구하지만, 원하는 대로 되지 않고, 무익하기에 버림을 받는 삶을 산다.

3) 겉치레만 하므로 속이 엉망이다

셋째, 겉치레만 한다. 껍데기만 있다. 표면적으로 사람을 죽이거나

간음을 하지 않는다. 표면적으로 나쁜 일을 피하지만 속은 곪았고, 썩었다. 표면적으로 남을 돕는 구제도 하고, 기도도 하고, 금식도 한다. 그래서 사람들의 칭찬을 받는데, 진짜 실속은 없다. 하나님께서 뭔가 도와주시는 적이 없다. 하나님의 일은 항상 자기 일 다음이다. 따라서 하나님께서 주시는 상과 은총을 한 번도 누리지 못한다.

남에 대해서 비판적이다. 사람에 대해서 아는 척하지만, 실상은 자기 곁에 사람을 잘못 둔다. 나와 관련된 중요한 자리에 사람을 잘못 선택해서 둔다. 그래서 인생이 피곤하다.

이 책을 읽는 사랑하는 형제, 자매여, 이것이 대체로 넓은 문으로 가는 사람들의 특징이다. 이렇게 살지 말라. 피곤하다.

복을 원하되 복 없는 삶. 이익을 추구하되, 버림받고, 짓밟히는 삶. 겉만 번지르르한 삶. 표면적으로 큰 잘못을 한 적도 없고, 믿음도 좋은 것 같은데 사실은 속은 항상 분노와 탐욕으로 가득하고, 하나님께서 도우시는 법이 없는 버림받는 삶. 아는 척하고 비판적인데, 실상은 나 스스로 내 옆에 잘못된 사람을 두어서 스스로를 피곤하게 만드는 삶. 그러면서도 이런 어리석은 방식을 가르치는 앞선 사람을 따라가는 삶.

이런 무익하고, 비참하고, 실속 없는 삶. 이제 버려라. 대부분이 선택하는 이 멸망으로 가는 길을 떠나라. 그리고 진짜 괜찮은 제자의 삶을 추구하라. 운을 따르지 말라. 좁은 문으로 들어가라. 생명으로 인도하는 길이다.

좁은 문

제자는 좁은 문으로 들어가야 한다. 좁은 문으로 들어가는 제자에게 몇 가지 특징이 있다.

첫째, 복 있는 삶이다. 제자는 복 있는 사람이다. 마태복음 5장 1-12절에 나온다.

마태복음 5장 1절을 보면 "예수께서 무리를 보시고 산에 올라가 앉으시니 제자들이 나아온지라" 2절에서 "입을 열어 가르쳐 이르시되"라고 말씀한다. 앉아서 가르치시는 것은 당시 제자들에게 정식으로 가르칠 때 하던 관습이었다. 즉, 이 말씀은 예수님께서 정식으로 가르친 중요한 말씀이라는 뜻이다. 제자의 복은 무엇인가?

첫째, 3절에서 "심령이 가난한 자는 복이 있나니 천국이 그들의 것임이요"라고 말씀한다. 천국을 소유하는 복이 있다.

둘째, 4절에서 "애통하는 자는 복이 있나니 그들이 위로를 받을 것임이요"라고 말씀한다. 위로를 받는 복이 있다.

셋째, 5절에서 "온유한 자는 복이 있나니 그들이 땅을 기업으로 받을 것임이요"라고 말씀한다. 땅을 기업으로 받는 복, 즉 미래 보장의 복이 있다.

넷째, 6절에서 "의에 주리고 목마른 자는 복이 있나니 그들이 배부를 것임이요"라고 말씀한다. **배부를 복, 즉 만족의 복이 있다고 말씀한다.**

다섯째, 7절에서 "긍휼히 여기는 자는 복이 있나니 그들이 긍휼히 여김을 받을 것임이요"라고 말씀한다. **긍휼히 여김을 받는 복이 있다.**

여섯째, 8절에서 "마음이 청결한 자는 복이 있나니 그들이 하나님을 볼 것임이요"라고 말씀한다. **하나님을 보는 복, 하나님을 알게 되는 복이 있다.**

일곱째, 9절에서 "화평하게 하는 자는 복이 있나니 그들이 하나님의 아들이라 일컬음을 받을 것임이요" 라고 말씀한다. **하나님의 아들 즉, 하나님의 일을 하는 사람이라고 불리게 되는 복이 있다.**

여덟째, 10절에서 "의를 위하여 박해를 받은 자는 복이 있나니 천국이 그들의 것임이라"

그러면서 부연해서 11-12절에서 말씀한다.

나로 말미암아 너희를 욕하고 박해하고 거짓으로 너희를 거슬러 모든 악한 말을 할 때에는 너희에게 복이 있나니 기뻐하고 즐거워하라 하늘에서 너희의 상이 큼이라 너희 전에 있던 선지자들도 이같이 박해하였느니라

천국을 얻고 하늘에서 상이 큰 복이 있다고 말씀한다.
이런 복을 받는다기보다 이런 복이 있는 사람이 되라.

1) 천국을 소유한 사람

2) 위로받는 사람

3) 땅을 기업으로 얻는, 미래가 보장된 사람

4) 배부를 사람, 즉 만족한 사람

5) 긍휼히 여김을 받는 사람

6) 하나님을 보고 알게 되는 사람

7) 하나님의 아들, 하나님의 일을 한다고 불리게 되는 사람

8) 천국을 얻고 크게 상 받을 사람

바로 이것이 제자의 삶이다. 제자의 삶에는 이런 복이 있다. 이것이 복음(좋은 소식)이다. 이 복을 소유하고, 이 복음을 전파하라.

유익을 얻으려는 사람 vs. 유익이 되는 사람
(쓸모없는 사람 vs. 쓸모 있는 사람)

이 책을 읽는 사랑하는 형제, 자매여, 이제 복 다음에 생각할 것이 있다. 당신의 정체성에 대한 것이다. 당신은 어떤 존재가 되고 싶은가? 유익을 얻는 사람이 되고 싶은가? 그래도 된다. 그것도 좋다. 그런데 그보다 더 멋진 사람이 있다. 그것은 유익이 되는 사람이다.

한 번 사는 인생에서 유익을 얻는 사람이 되는 것도 좋다. 그런데 더 멋진 것은 유익이 되는 사람이 되는 것이다. 예수님께서는 우리가 주님을 통해 복을 얻는 것이라기보다, 복 있는 사람이 되기 원하시며, 그렇기 때문에 유익을 얻으려는 사람이라기보다 유익이 되는, 유익을 주는 사람이 되어야 한다고 말씀하신다.

예수님께서는 그것을 '세상의 소금, 세상의 빛'이라고 표현하신다.

이것이 좁은 문으로 들어가는 제자의 또 다른 특징이다. 세상의 소금과 빛, 즉 유익한 사람이 된다.

> 너희는 세상의 소금이니 소금이 만일 그 맛을 잃으면 무엇으로 짜게 하리요 후에는 아무 쓸 데 없어 다만 밖에 버려져 사람에게 밟힐 뿐이니라(마 5:13)

소금에는 여러 가지 좋은 기능이 있다. 부패를 방지하기도 한다. 그런데 가장 핵심적으로 맛을 낸다. 맛을 내지 못하면 버려진다. 가치를 상실했기 때문이다. 우리는 세상에 유익이 되는 사람이어야 한다.

> 너희는 세상의 빛이라 산 위에 있는 동네가 숨겨지지 못할 것이요 사람이 등불을 켜서 말 아래에 두지 아니하고 등경 위에 두나니 이러므로 집 안 모든 사람에게 비치느니라(마 5:14-15)

소금은 소극적인 활동을 한다. 눈에 띄지 않지만, 맛을 낸다. 빛은 적극적인 활동을 한다. 눈에 띄어야 한다. 16절에서 말씀한다. "이같이 너희 빛이 사람 앞에 비치게 하여 그들로 너희 착한 행실을 보고 하늘에 계신 너희 아버지께 영광을 돌리게 하라" 제자는 세상에서 유익을 얻는 사람이라기보다, 유익이 되는 사람이다.

우리, 제자는 이미 복 있는 사람이다. 따라서 유익한 존재다. 그러므로 더 유익을 추구할 필요가 없다. 유익을 주는 존재, 유익을 나누는 존재가 되어야 한다.

이 책을 읽는 사랑하는 형제, 자매여, 복 있는 사람으로서, 맛을 내라. 내가 없으면 안 되는 존재. 내가 있어야 맛이 나는 존재가 되라. 내가 있어야 명확해지는 존재. 내가 있어야 갈 길을 알게 되는 존재. 그런 존재가 되라. 내 존재 그 자체가 유익을 주는 사람이 되라. 그것이 제자의 특징이다. 그렇게 할 때, 하나님께 영광이 돌아간다. 세상에 필요한 존재가 되라.

율법과 선지자의 완성

좁은 문으로 들어가는 제자의 세 번째 특징은 말씀을 완전하게 하는 것이다. 말씀은 불완전한 것이 아니다. 완전하다. 제자는 말씀을 완전하게 한다.

예수님께서 율법과 선지자를 폐하러 즉, 없애러 오신 것이 아니라, 완전하게 하려고 오셨다고 하셨다(마 5:17). 율법과 선지자의 가르침은 주로 표면적인 내용, 즉 걸리지 말라고 가르친다. 그런데 완전하게 하려면 몇 가지를 해야 한다.

1) 내면 관리를 하라

말씀을 완전하게 하려면, 첫째, 내면 관리를 해야 한다. 예를 들어서 율법은 살인하지 말라고 말씀한다. 살인하면 (걸리면) 심판받는다. 따라서 걸릴 일을 하지 말라는 것이다. 또한, 간음하지 말라고 한다. 간음하면 (걸리면) 부끄러움을 당하고 처벌받는다. 따라서 걸릴 일 하지 말라는 것이다. 헛맹세, 거짓 증거 하지 말라고 한다. 역시 이 또한 잘못하고 걸리면 문제가 된다.

그런데 예수님께서는 율법과 선지자의 완성을 위해서 살인, 간음, 거짓 증거 같은 것을 하지 말아야 하되, 단순히 걸리지 않는 것으로 족하지 않다고 하신다. 즉, 내면 관리를 말씀하신다. 분노를 조절하라고 말씀한다. 다른 내적 욕망도 조절하라고 말씀한다.

그러면서 악한 자도 대적하지 말고, 원수까지 사랑하라고 하신다. 우리를 박해하는 자를 위하여 기도하라고 하신다. 하나님의 온전하심과 같이 우리도 온전하라고 하신다. 이 모든 것이 철저한 내면 관리가 있을 때 가능하다.

분노를 조절하라. 사랑(욕망)도 선을 넘지 말라. 말도 지나침이 없게 하라. 악한 자, 원수와 대적하는 데 삶의 에너지를 낭비하지 말라. 이 모든 것은 내적인 평정이 유지되어야 가능하다. 예수님께서는 주의 제자에게 이것을 가르쳐 주시는 것이다. 그리고 모든 족속(민족)에게 이것을 가르쳐 지키게 하라고 하신다. 그렇게 표면적 관리뿐 아니라, 내면 조절이 될 때, 이 땅에 하나님의 나라가 이루어진다.

이 책을 읽는 사랑하는 형제, 자매여, 표면 관리만 하지 말라. 물론 표면 관리도 해야 한다. 걸리면 안 될 일을 하지 말아야 한다. 그런데 더 나아가 내면 관리를 하라. 그것이 율법과 선지자의 완성이다. 철저한 내면 관리를 통해 감정을 조절하고, 평정을 유지하라. 그것이 유익한 제자도이다.

2) 참된 경건을 추구하라

말씀을 완전하게 하기 위해서 우선 내면 관리를 해야 하고, 둘째로 참된 경건을 추구해야 한다. 신앙생활은 어떻게 해야 하는가? 멋진 외면인가?(사람의 칭찬) 아니면 참된 경건인가?(하나님의 상) 예수님께서는 마태복음 6장에서 구제, 기도, 금식의 3대 선행에 대해서 말씀한다. 이 세 가지는 신앙인으로서 상을 받을 만큼 선하고 의로운 일이다.

그런데 예수님께서 마태복음 6장 1절에서 말씀한다.

사람에게 보이려고 그들 앞에서 너희 의를 행하지 않도록 주의하라 그리하
지 아니하면 하늘에 계신 너희 아버지께 상을 받지 못하느니라

예수님께서 마태복음 6장 3-4절에서도 말씀한다.

너는 구제할 때에 오른손이 하는 것을 왼손이 모르게 하여 네 구제함을 은밀
하게 하라 은밀한 중에 보시는 너의 아버지께서 갚으시리라

신앙생활은 사람의 존경을 받으려고 하는 것이 아니라, 하나님의 은
혜를 입기 위해 해야 한다는 것이다.

예수님께서 기도에 대해서 또 말씀하셨다.

너는 기도할 때에 네 골방에 들어가 문을 닫고 은밀한 중에 계신 네 아버지
께 기도하라 은밀한 중에 보시는 네 아버지께서 갚으시리라(마 6:6)

또한 금식에 대해서도 말씀하신다.

너는 금식할 때에 머리에 기름을 바르고 얼굴을 씻으라 이는 금식하는 자로 사람에게 보이지 않고 오직 은밀한 중에 계신 네 아버지께 보이게 하려 함이라 은밀한 중에 보시는 네 아버지께서 갚으시리라(마 6:17-18)

예수님께서는 멋진 외면을 가지고 "사람의 칭찬을 추구하는 신앙생활"을 하라는 것이 아니라, 참된 경건을 추구하라고 강조하신다. 참된 경건은 "하나님을 바라보면서 하는 신앙생활"이다. 제자는 그래야 한다. 왜냐하면 상은 하나님께 받는 것이기 때문이다. 하나님께서 주시는 상을 받으려면 '은밀'하게 해야 한다. 즉, 자랑하려고 하면 안 된다. 하나님을 바라보고 구제하고 하나님께만 기도하며, 하나님 앞에서 금식해야 한다.

3) 하나님 제일주의(신본주의)

말씀을 완전하게 하기 위해서 우선 내면 관리를 하고, 둘째, 참된 경건을 추구하되, 셋째로 하나님 제일주의로 살아야 한다. 즉, 신본주의자, 하나님 중심의 사람이 되어야 한다는 것이다.

예수님께서 우리에게 자신을 위해 보물을 땅에 쌓아 두지 말라고 하신다.

오직 너희를 위하여 보물을 하늘에 쌓아 두라 거기는 좀이나 동록이 해하지

못하며 도둑이 구멍을 뚫지도 못하고 도둑질도 못하느니라(마 6:20)

천국을 생각하고, 하늘에 보물을 쌓으라는 것이다.

한 사람이 두 주인을 섬기지 못할 것이니 혹 이를 미워하고 저를 사랑하거나

혹 이를 중히 여기고 저를 경히 여김이라 너희가 하나님과 재물을 겸하여 섬

기지 못하느니라(마 6:24)

재물이 아니라, 하나님을 사랑하라는 것이다. 그래야 참된 제자다.
마태복음 6장 33절에서 말씀한다.

그런즉 너희는 먼저 그의 나라와 그의 의를 구하라 그리하면 이 모든 것을

너희에게 더하시리라

하나님 제일주의로 살라. 그것이 제자다.

4) 지혜롭게 살라
말씀을 완전하기 위해 네 번째로 할 것은 "지혜롭게 살라"는 것이다.

마태복음 7장에서 말씀한다. 분별력을 가지고 살아야 한다. 마태복음 7장 1절에서 "비판을 받지 아니하려거든 비판하지 말라"고 말씀한다. 왜냐? 내가 비판하는 그 비판으로 내가 비판을 받을 것이고, 내가 헤아리는 그 헤아림으로 내가 헤아림을 받을 것이기 때문이다(마 7:2). 따라서 지혜롭게 살라. 함부로 비판하지 말라.

또한, 개나 돼지에게 거룩한 것을 주지 말라고 하신다(마 6:6). 왜냐하면 고마워하는 것이 아니라 오히려 공격받기 때문이다. 지혜롭게 살아야 한다. 아무에게나 좋은 것을 준다고 고마워하는 것이 아니기 때문에 분별력을 가지고 살아야 한다.

또한 기도하고, 찾고, 두드려야 한다. 마태복음 7장 7-8절에서 말씀하신다.

구하라 그리하면 너희에게 주실 것이요 찾으라 그리하면 찾아낼 것이요 문을 두드리라 그리하면 너희에게 열릴 것이니 구하는 이마다 받을 것이요 찾는 이는 찾아낼 것이요 두드리는 이에게는 열릴 것이니라

그러면서 유명한 말씀 마태복음 7장 12절 말씀을 하신다.

그러므로 무엇이든지 남에게 대접을 받고자 하는 대로 너희도 남을 대접하

라 이것이 율법이요 선지자니라

여기서 중요한 원칙은 사람에게만 향한 것이 아니라 하나님을 향한 것이다. 기도할 때, 하나님이 계시고, 상 주시는 이심을 믿어야 한다. 그것이 하나님을 대접하는 것이다. 믿음으로 기도해야 하나님께서 응답하신다. 그것이 하나님을 대하는 바른 예절이며 지혜로운 것이다.

그리고 거짓 선지자를 삼가라고 하신다. 열매로 그들을 알고 지혜롭게 분별하라고 하신다.

마지막으로 이 말씀을 듣고 행하면 반석 위에 지은 지혜로운 사람이라고 말씀하신다. 비가 내리고 창수가 나고 바람이 불어도 무너지지 않는다고 하신다. 그러나 이 말씀을 듣고 따르지 않으면 집을 모래 위에 지은 어리석은 사람 같아서 어려움이 생기면 심하게 무너져 내릴 것이라고 하신다.

이 책을 읽는 사랑하는 형제, 자매여, 지혜로운 사람이 되라. 말씀을 따라 살라. 그래서 무너지지 않는 견고한 삶을 살라. 그것이 제자의 삶이다.

Practical Discipleship

4장

신분

죄의 종으로 살지 말고,
말씀에 거하여
자유자가 되라

4장

신분

죄의 종으로 살지 말고,
말씀에 거하여 자유자가 되라

요즘 남편에 대한 유머로 이런 유머가 있다. 여성 입장에서 본 남편에 대한 생각이란다.

1) 집에 두면 '근심 덩어리.'

2) 밖에 데리고 나가면 '짐 덩어리.'

3) 마주 앉으면 '한숨 덩어리.'

4) 더 오래 지나다 문득 바라보니 '원수 덩어리.'

5) 혼자 밖에 내보내면 '사고 덩어리.'

예수님께서 예루살렘 성전에서 가르치실 때에 서기관들과 바리새인들이 음행 중에 잡힌 여자를 끌고 온다. 그리고 예수님께 묻는다. 모세 율법에 이런 여자를 돌로 치라 했는데 "선생은 어떻게 말하겠나이까?" 이들이 예수님을 고발할 조건을 얻으려고 시험한 것이다.

그때 예수님께서 몸을 굽혀 손가락으로 땅에 쓰셨다. 그들이 계속 묻자, 일어나 말씀하셨다.

"너희 중에 죄 없는 자가 먼저 돌로 치라" 하셨다.

이 말씀을 듣고 사람들이 양심에 가책을 느껴 자리를 떠났다. 여자만 남게 되자, 예수님께서 말씀하셨다.

"여자여 너를 고발하던 그들이 어디 있느냐 너를 정죄한 자가 없느냐?" 없다고 답하자, 예수님께서 말씀하셨다.

"나도 너를 정죄하지 않는다."

"가서 다시는 죄를 범하지 말라"고 하셨다.

그러고 나서 예수님께서 말씀하신다.

"나는 세상의 빛이니 나를 따르는 자는 어둠에 다니지 아니하고 생명의 빛을 얻으리라"(요 8:12)

그러면서 예수님께서 말씀하시자, 많은 사람이 믿었다. "이 말씀을 하시매 많은 사람이 믿더라"(요 8:30) 예수님의 말씀을 듣고 많은 사람이 믿었다. 이것은 정말 귀한 것이다. 이들은 지식적으로 예수님을 믿었고 그분의 가르침을 지적으로 받아들였다. 우리가 알아야 할 가장 기본은 **예수님을 믿는 것이다.**

예수님께서 요한복음 8장 31-32절 이렇게 말씀하신다.

그러므로 예수께서 자기를 믿은 유대인들에게 이르시되 너희가 내 말에 거하면 참으로 내 제자가 되고 진리를 알지니 진리가 너희를 자유롭게 하리라

귀중한 말씀이다. 아무에게 하신 말씀이 아니라 "자기를 믿은 유대인들에게" 하신 말씀이다.

예수님의 말씀을 듣고 믿은 사람들에게 주시는 말씀은 "참으로 내 제자가 되고"이다. 이 말씀에서 참된 제자로의 초청이 담겨 있다.

'참으로'의 헬라어 원어 '알레쏘스'는 '참으로, 진실로' 라는 뜻이다. 결국 진실된 제자, 참된 제자가 있고, 거짓된 제자도 있다는 뜻이다.

앞으로도 보겠지만, 제자 중에 끝까지 따르지 않고 중간에 예수님을 버리고 떠나는 사람들도 많았다. 그리고 끝까지 남긴 했지만, 결국 배신하는 가룟 유다도 있다. 따라서 우리는 그저 함께한다는 이유만으로 참된 제자라고 볼 수는 없다. **참된 제자가 되려면 세 가지 중요한 사실을**

꼭 기억해야 한다.

말씀에 거해야 한다(순종)

첫째, 예수님 말씀에 거해야 한다. **예수님께서 분명히 말씀한다.**

너희가 내 말에 거하면 참으로 내 제자가 되고(요 8:31)

참으로 예수님의 제자가 되려면 무엇보다 우리가 "예수님의 말씀에 거해야" 한다. 거한다는 것은 산다는 말이다. 즉, 예수님의 교훈을 배우고 아는 것이 필요하지만, 더 나아가 그 말씀대로 살아야 한다는 것이다. 그래야 참된 제자가 된다. 예수님의 말씀, 교훈 안에 거해야 한다. 예수님의 가르침을 머리로만 받아들이는 것이 아니라, 그 말씀을 따라 살아야 한다. 앞 장에서 보았던 것처럼, 산상수훈에서 주님께서 가르치신 말씀을 근거로 집을 지어야 한다. 그 말씀을 기초로 삼아 집을 짓고 거해야 한다.

말씀에 거한다는 것은 세 가지 차원에서 생각하면 도움이 된다.

1) 말씀을 듣고 배워야 한다

첫째, 우선 말씀을 듣고 배워야 한다.

주의 말씀은 내 발에 등이요 내 길에 빛이니이다(시 119:105)

말씀을 알아야 어떻게 할지를 알 수 있다. 따라서 우리는 예수님의 말씀을 항상 들어야 한다. 언제나 읽고, 듣고 배워야 한다. 제자는 끊임없이 듣고, 배워야 한다. 그래야 말씀에 거할 수 있다. 우리는 평생 계속 배워야 한다. 그래야 참 제자로 살게 되는 것이다.

어떤 목사님이 교회 청년이 결혼하게 되어서 교회 간사에게 축하 성구로 '요일 4:18'을 보내라고 했다.

사랑 안에 두려움이 없고 온전한 사랑이 두려움을 내쫓나니 두려움에는 형벌이 있음이라 두려워하는 자는 사랑 안에서 온전히 이루지 못하였느니라

그런데 간사가 실수를 하여 요일은 요한일서인데 그냥 요한복음으로 알고 '요 4:18'로 보냈다. 신혼부부가 목사님이 보낸 성구를 받고는 둘이서 성경을 찾았다. 요한복음 4장 18절은 이렇다.

너에게 남편 다섯이 있었고 지금 있는 자도 네 남편이 아니니 네 말이 참되
도다

성경을 제대로 배워서 알자. 제자가 되려면 말씀을 제대로 듣고 배워
야 한다.

2) 배운 말씀을 묵상해야 한다

둘째, 배운 말씀을 묵상해야 한다. 기억이 되지 않으면 지키게 되지
않는다. 그런데 기억하고 있으려면 계속 묵상해야 한다. 시편 1편에서
복 있는 사람은 "오직 여호와의 율법을 즐거워하여 그의 율법을 주야로
묵상하는도다"(2절)라고 하신다. 말씀을 외워도 묵상하지 않으면 잊어버
린다. 그래서 소나 양이 되새김질하듯이 계속 묵상해야 한다. 멈추지 않
고 주님의 말씀을 묵상해야, 참된 제자가 된다. 우리는 주님을 인식하고
있을 때, 온전하게 행동한다. 그런데 잊으면, 자의적으로 행동한다. 참
제자가 되려면 항상 묵상해야 한다.

3) 말씀을 순종하고 실천해야 한다

셋째, 실제 생활에서 말씀을 순종하고 실천해야 한다. 말씀대로 행하
여야 한다. 예수님께서 '나의 멍에를 메고 내게 배우라'고 하셨다. 예수

님은 말과 행동이 다른 분이 아니셨다. 말과 행동이 일치하는 '언행일치'의 삶을 사시는 분이셨다. 우리도 그래야 한다. 사람의 존경을 받은 사람들을 보면 대체로 '언행일치'가 되는 분들이다.

우리가 말씀을 배우는 것은 지식적인 만족을 위해서가 아니라 그 말씀을 실천하기 위해서 배우는 것이다. 말씀에 거한다는 것은, 실천적인 삶을 사는 것, 말씀대로 순종하며 사는 것을 말한다. 이 책을 읽는 사랑하는 형제, 자매여, 믿는 자리에서 제자의 자리로 나아가라. 말씀을 평생토록 배우라. 그리고 항상 묵상하고 실천하라. 순종하라. 그러면 참으로 제자가 된다. 예수님의 말씀이다.

진리를 알게 된다

참된 제자와 관련해서 두 번째로 기억할 것은, 참된 제자가 되면 **진리를 알게 된다**. 요한복음 8장 31절 후반과 32절 초반에서 "너희가 내 말에 거하면 참으로 내 제자가 되고 진리를 알지니"라고 말씀하셨다. 예수님 말씀에 거하면, 말씀대로 살면 참 제자가 되고, 진리를 알게 된다. 진리가 무엇인가?

진리는 하나님의 특별 계시를 뜻한다. 특별하게 보이시는 것. 그 특별 계시의 핵심은 바로 예수 그리스도와 그 사역이다.

예수께서 이르시되 내가 곧 길이요 진리요 생명이니 나로 말미암지 않고는
아버지께로 올 자가 없느니라(요 14:6)

예수님이 곧 길이요 진리요 생명이다. 즉, 예수님이 진리이다. 예수님 말씀에 거하면, 주님의 가르침대로 살면 진리를 알게 된다. 즉, 예수님을 알게 된다. 이것은 해 보아야 안다. 주님의 말씀과 주님이 진리라는 것을 알게 된다.

안다는 것도 차이가 있다. 백두산을 아는가? 많은 사람이 안다. 한반도에서 제일 높은 산으로 안다. 그렇다면 높이가 얼마인가? 그리고 직접 가서 보았는가? 이러면 답할 수 있는 사람이 있고(2,744m), 없는 사람이 있다. 즉, 알기는 아는데 차이가 있다. 내가 어렸을 때, 백두산에 대해서 들었는데, 가보니 진짜 멋있다.

중국에서 백두산으로 가는 길에 크고 곧게 솟은 소나무들이 빽빽하게 있는데, 정말 멋있다. 소나무가 이렇게 멋이 있었나? 싶다. 게다가 백두산 위에 가면 아주 멋진 폭포도 있다. 정말 멋이 있는 폭포다. 그래서 누구든 보면 사진을 찍는다. 그만큼 멋이 있다는 것이다. 그리고 백두산에는 찬물과 더운물이 다 흐른다. 정말이다. 그래서 더운물로 온천도 한다. 그리고 계란도 삶아 먹을 수 있다. 거기서 나오는 온천수로 계란을 삶아서 파는데, 정말 최고로 맛있다. 한 번 드셔 보시라.

이렇게 말하니 조금 아는 것 같지 않은가? 그냥 높다고 아는 것과 경험해서 아는 것은 분명 차이가 있다.

사람을 아는 것도 차이가 있다. 이 책을 읽는 사람은 책을 쓴 사람이 나니까, 다 나를 아는데, 그 아는 것도 차이가 있다. 접촉이 있어야 조금 더 안다. 그리고 사귐이 있어야 제대로 안다. 내 아내와 나는 20년을 넘게 살았다. 내 아내와 나를 몇 번 만난 사람이 나를 아는 것은 분명히 엄청난 차이가 있는 것이다. 사람은 만남과 체험을 통해서 더 깊이 알게 된다. 참지식은 언제나 실제적인 것이다. 체험되는 것이다.

너희는 여호와의 선하심을 맛보아 알지어다 그에게 피하는 자는 복이 있도다(시 34:8)

예수님의 말씀을 따라 살다가 보면, 정말 예수님이 "최고"라는 것을 알게 된다. 정말 "진국"이라는 것을 알게 된다. 주님의 말씀에 거함으로, 진리를 아는 "깊은" 경지에 도달하고, 깊은 "체험"과 "감격"이 있는 삶을 살게 되기를 바란다.

자유롭게 된다

참 제자와 관련해서 세 번째로 기억할 것은 제자가 되면 **자유롭게 된다**는 것이다. 계시와 체험에서 태어난 결과물은 자유이다. 요한복음 8장 32절에서 말씀한다.

진리를 알지니 진리가 너희를 자유롭게 하리라

진리가 자유롭게 할 것이라고 말씀하신다. 진리만이 우리의 무지함과 편견과 악한 습관에서 벗어날 수 있는 힘을 준다.

자기 지배를 받지 않고, 예수 그리스도의 말씀으로 마음과 생활이 조절되어(다스려)질 때, 사람은 진정한 자유를 누리게 된다. '화 안낼 자유' '선하게 살 자유' 그런 자유를 아는가?

자유롭게 된다는 것도 몇 가지 차원에서 생각할 수 있다.

1) 사람의 평가에서 자유를 얻는다

예수님의 참 제자가 되면 얻는 첫 자유는 **사람의 평가**(세상의 평판)에서 **자유를 얻는** 것이다. 우리는 다른 사람으로부터 받는 평가에 민감하다. 영국의 유명한 소설가 H. G. 웰스는 이런 말을 남겼다.

"우리들의 귀에는 하나님의 목소리보다 이웃 사람들의 목소리가 더 크게 들리는 것"이라고….

사실 우리는 남의 말에 우쭐해지거나, 절망한다. 그런데 주님의 말씀 속에 거하면 우리는 비로소 사람들의 말과 평가로부터 자유로워지는 것이다. 예수님 때문에 우리를 욕하고 박해하고 거짓으로 우리를 거슬러 모든 악한 말을 할 때, 예수님께서 "기뻐하고 즐거워하라"고 하셨다. "하늘의 상"이 클 것이기 때문이다. 그런데 어찌 욕먹는데 그럴 수 있는가? 사람의 평가로부터 자유로울 때, 가능하다. 말씀 가운데 거하는 참 제자는 이것이 가능해진다. 사람의 평가, 세상의 평판에서 자유를 얻는다. 이 자유를 꼭 누려라.

2) 불신과 두려움에서 자유를 얻는다

예수님의 참 제자가 되면 얻는 두 번째 자유는 불신과 두려움에서 자유를 얻는 것이다. 우리는 환경에 대한 불신, 그리고 미래에 대한 두려움이 있다. 세상에 믿을 사람이 적지 않은가! 또한 우리의 미래는 아무 것도 보장해 주지 않는다. 그래서 사람은 항상 외롭고, 두렵다. 그런데 주님 말씀에 거하면 더 이상 고독하지 않다. 주님의 함께하심을 알기 때문이다. 또한 두려움이 사라진다. 주님께서는 우리의 미래에 손을 잡아 주시고, 죽음에서도 함께하심을 알기 때문이다. 그래서 자유함을 얻는다.

　나는 죽을 뻔했던 적이 있다. 청년 시절에 운전하다가 정면충돌을 한 것이다. 상대방 과실이었다. 정말 갑자기 일어난 일이었다. 그때 죽는 줄 알았다. 순간 모든 것이 멈추는 것 같았다. 그런데 그때 알았다. 믿는 자의 죽음은 두려운 것이 아니라는 것을…. 주님은 우리와 항상 함께하신다. 죽음에서도…. 이 책을 읽는 사랑하는 형제, 자매여, 고독과 두려움에서 자유함을 얻으라.

3) 죄에서 자유를 얻는다

　예수님의 참 제자가 되면 얻는 세 번째 자유는 죄에서 자유를 얻는 것이다. 말씀대로 살면 정말 죄에서 벗어나 자유롭게 된다. 생각해 보면 우리는 항상 말씀에 거하지 못해서 실수하고 죄를 범하기도 한다. 그러나 분명한 것은 그때에도 주시는 주님의 말씀이 있다.

　하나님이 세상을 이처럼 사랑하사 독생자를 주셨으니 이는 그를 믿는 자마다 멸망하지 않고 영생을 얻게 하려 하심이라 하나님이 그 아들을 세상에 보내신 것은 세상을 심판하려 하심이 아니요 그로 말미암아 세상이 구원을 받게 하려 하심이라 그를 믿는 자는 심판을 받지 아니하는 것이요(요 3:16-18)

이 말씀으로 위로를 주시고 용서하신다. 그리고 다시금 교훈의 말씀을 따라 살면 죄에서 자유로움을 얻는다. 모든 나쁜 감정으로부터 자유를 얻는다.

말씀에 거하지 않으면, 참 제자가 되지 않으면 죄의 종으로 산다.

예수님께서 말씀하셨다. "죄를 범하는 자마다 죄의 종이라"(요 8:34) 예수님께서는 하나님 앞에서 유대인(믿는 자)과 이방인(믿지 않는 자)을 구별하지 않으시고 말씀하신다. 소위 대대로 믿는 집안 사람이든, 처음 믿는 사람이든 상관이 없는 것이다. 다만 이렇게 말씀하신다. "죄를 범하는 자마다 죄의 종이라" 대대로 믿는 집안에서 태어나 자랐어도 죄를 범하면 죄의 종이다. '죄를 범하는 자'란 항상 죄를 범하는 자를 뜻한다. 즉 죄의 생활을 하는 자를 말한다. 교회를 다녀도 직분이 있어도 "죄의 생활을 하는 자"는 분명히 "죄의 종"이다.

당시 유대인들, 요즘으로 말하면 교회에 잘 다니는 사람들, 대대로 믿는 사람들이 자신들은 자유인이라고 말하지만, 예수님은 그들이 사실은 전혀 자유가 없는 종(노예)이라고 선언하시는 것이다.

어떤 동생이 "만사형통"(萬事亨通)이란 말을 듣고 뜻을 몰라 궁금해했다. 물론 그 뜻은 "모든 일이 뜻대로 잘된다"는 것이다. 동생이 형에게 가서 물었는데, 형도 무식해서 한참을 생각하더니 이렇게 대답했다.

"만사 즉, 모든 일은 '형'을 '통'해서 해야 한다는 뜻이다."

이런 무지함 속에서 산다면, 어리석음에서 벗어날 수 있을까?

당신은 죄의 종인가? 자유자인가? 말씀에 거하지 않으면 당신도 어쩔 수 없이 죄의 종으로 산다. 예수님의 말씀이 진실하다고 믿는다는 것과 더 나아가 그분을 전적으로 의뢰하는 것은 분명한 차이가 있다. 그런데 믿는다고 하면서 자기가 가지고 있는 '선입관' 때문에 주님의 모든 말씀을 그대로 받고 거하지 못하는 사람은 결국 '죄의 종'에서 벗어나지 못한다.

말씀을 결론 맺는다.

이 책을 읽는 사랑하는 형제, 자매여, 이제 죄의 종으로 살 것인가? 아니면 자유자로 살 것인가? 결정해야 한다.

참 제자가 되라. 참 제자가 되기 위해서 우선 "말씀 안에 거하라." 그러기 위해 말씀을 듣고 배우고 묵상해야 한다. 말씀을 순종하고 실천해야 한다.

그리고 진리를 알라(평생에 주님을 더욱 깊이 알게 되는 삶을 살라).

또한 자유를 누리는 삶을 살라. 사람의 평가에서 자유를 얻고 불신과 두려움에서 자유를 얻으라. 죄에서 자유를 얻으라.

더 이상 죄의 종으로 살지 말라. 주님의 참된 제자로 말씀 안에 거하면서 주님을, 진리를 더 알게 되라. 그리고 자유함을 누리라. 점점 풍성한 자유함을 만끽하며 살라. 바라기는 죄의 종으로 억눌린 삶을 살지 말

라. 피곤한 삶을 청산하라. 이제는 자유함을 누리라. 참으로 제자가 되어서 주님이 주시는 숨통이 열리는 자유함을 누리며 살기 바란다.

고데트(Godet)라는 분이 이렇게 표현했다.

"마음속에 있는 죄의 왕국은 환상과 현혹에 기초하고 있다. 진리의 빛이 비치게 하라. 그러면 현혹의 마술은 사라지게 될 것이다. 의지는 그것을 유혹하는 것을 증오하게 될 것이다. '새는 새 사냥꾼의 올무로부터 물러나게 될 것이다.'"

이 책을 읽는 사랑하는 형제, 자매여, 예수님을 믿으면서 계속 죄의 종으로 살지 말라. 어둠 속에서 살지 말라. 이제 빛에 거하라. 그러기 위해 주님의 말씀에 거하라.

한 가지 이야기를 말씀드리면서 4장을 마치겠다.

어떤 거지가 한 랍비의 집 담벼락에 와서 몸이 가려우니까 등을 대고 한참 문지르고 비벼댄다. 불쌍히 여긴 랍비가 그를 데려다가 씻게 해주고, 옷도 주고, 먹을 것도 주었다. 그 소문을 들은 어떤 거지 부부가 그 집에 와서 집 담벼락에 대고 등을 긁었다. 그런데 이번에는 랍비가 보더니 화를 내고 쫓아낸다.

거지 부부가 항의하며 질문했다.

"왜 다른 거지는 잘해 주고, 우리는 푸대접이요?" 그러자 랍비가 이렇게 말했다고 한다.

"지난번 거지는 혼자였다. 그러나 너희는 둘이 아니냐? 지난번 거지는 혼자라서 할 수 없었지만, 너희는 둘이니 등이 가려우면 서로 긁어 주면 될 것 아니냐?"

탈무드에 이런 글이 있다고 한다.

"나 혼자 걸어가면 쓸쓸한 길도 둘이서 걸어가면 외롭지 않다."

이 책을 읽는 사랑하는 형제, 자매여, 인생길이 외로운가? 홀로 사는 분 중에 외로운 분 계실 수 있다. 그리고 실상 같이 살아도 외로운 분도 있을 것이다. 쓸쓸하지 않은가? 그렇다면 예수님과 함께 걸으라. 더 이상 외롭게 살지 말라. 홀로 살지 말고, 예수님 말씀 안에 거하라.

머리로만 예수님 알지 말고, 지식으로만 예수님 알지 말고, 정말 예수님과 함께 걷고, 함께 살라.

교회를 수십 년 다녀도 주님을 모르는 사람이 있다. 자유함을 모르고, 죄의 종으로 사는 사람이 있다. 그렇게 살지 말라. 이제 주님과 함께 살라. 앞 장에서 나눈 말씀 잘 기억하라. 그리고 그 말씀에 거하라.

항상 주의 말씀을 가까이서 들으라. 외롭게 살지 말라. 그리고 계속 배우라. 계속 묵상하라. 계속 순종하고, 실천하라. 그러면 주님을 점점 더 알게 될 것이다. 좋은 사람은 알면 알수록 더 좋다. 주님은 선하고 의로우신 분이다. 알면 알수록 좋다. 그리고 진리를 알게 될 것이다. 그리고 진리가 자유하게 하는 참된 복음으로 인한 자유를 알고 누리게 될 것

이다. 바라기는 주님의 말씀에 거하여 참 제자가 되는 우리 모두가 되기
를 바란다.

5장

자세

새 부대같이
탄력성(수용성)을
가지라

5장

자세

새 부대같이 탄력성(수용성)을 가지라

어떤 교회에서 선생님이 아이들을 가르치면서 회개에 대해서 가르쳤다. 그러면서 아이들에게 물었다. "얘들아, 하나님께서 우리 죄를 용서하시려면 우선 우리가 무엇을 해야 할까?" 그러자 한 아이가 손을 번쩍 들고 자신 있게 답했다. "용서받으려면, 우선 죄를 지어야 하죠."

"잘 모르겠다"를 일본어로 뭐라고 할까? '아리까리'란다. 프랑스말로는 '알쏭달쏭', 중국말로는 '갸우뚱'이란다. 웃자는 말이다. 마음의 여유를 가지라.

나의 경험을 잠깐 나누면 나는 고등학교를 졸업하고, 서울대학교 성악과에 입학했다. 그런데 몇 년 지나면서 학생들이 세 종류로 나뉘어졌다. 첫째, 퇴보하는 사람이 있다. 입학 때보다 못 부른다. 둘째, 정체된 사람이 있다. 퇴보하지는 않았지만, 그대로 정체된 사람이 있다. 셋째, 발전하는 사람이 있다. 사실 이것이 기대되는 모습이지만, 대다수는 첫째와 둘째에 머무른다. 이유가 무엇일까? 내가 관찰한 바에 의하면, 제자로서의 '자세'가 관건이다.

우리는 흔히 과거사를 중시한다. 역사를 통해 배우는 것이 있는 것이 사실이다. 그런데 정말 중요한 것은 과거가 아니라, '미래'다. 서울대학교에 들어오기 전에 어떠했는지가 중요한 것이 아니라, 졸업하고 어떤 '미래'를 가는지가 중요하다.

그런데 그 관건은 '과거'에 달린 것이 아니었다. 적어도 서울대에 들어왔으면 과거 괜찮은 사람이니까…. 그런데 그 차이는 사실상 '자세'였다. 제자로서의 자세. '오늘의 자세'가 미래의 발전을 결정한다. 퇴보하는 사람을 보면, 과거에 매여서 산다. 과거에 배운 것에서 탈피를 못한다. 새로운 가르침을 수용하지 못한다. 정체된 사람을 보면, 과거에만 매여 있지는 않다. 옛것과 새것을 동시에 수용하려 한다. 그런데 그러면 정체된다. 발전하는 사람을 보면 새것을 열린 마음으로 수용한다. 과거가 엉망이어도 이런 사람은 정말 '발전'한다.

예수님께서 제자를 선정하는 기준은 바로 '자세'였다. 과거가 중요한 사람이 아니라, 미래 지향적인 사람, 예수님의 새로운 가르침을 열린 마음으로 수용할 사람, 새 부대처럼 탄력성이 있는 사람을 부르신다. 이런 기본적인 이해를 가지고 이번 장을 시작하려고 한다.

마태복음 9장을 보면 예수님께서 열두 사도 중 하나가 될 '마태'를 부르시는 장면이 나온다. 마태는 마태복음을 쓴 사람으로 세리였다. 역사적 상황을 살펴보면 당시 로마가 이스라엘을 다스렸다. 로마는 세금을 효과적으로 거두기 위해 일정 지역에 세금 거둘 권리를 경매했다. 협정 금액을 로마에 바치고 나머지는 수수료로 먹도록 허락이 되었다. 그런데 이것은 악용될 소지가 많았다. 지금처럼 뉴스, 신문이 없다. 따라서 얼마를 내야 할지 사람들이 정확하게 몰랐다. 결국, 세리들이 내라고 하는 것이 곧 내야 할 돈인 셈이다. 세리들은 비합법적으로 강제 징수해서 부자가 되었다.

폐단이 많아서 예수님 시대 바로 전에 이런 방식은 폐지되었다. 그러나 여전히 세금은 물고, 불법은 계속되었다. 따라서 세리들은 일반적으로 미움을 받았다. 게다가 조국의 침략자를 협조하기에 미움을 받았다. 이들은 자기 동포를 착취하고, 로마 정부도 적당히 속였다. 탈세하려는 부자들로부터 뇌물을 받아 막대한 수입을 올렸다. 그래서 유대 율법은 세리가 회당에 들어가는 것이 금지되었고, 증인으로 설 수도 없었다. 세리는 '강도, 살인자'와 같은 종류로 인정되었다.

세리 마태가 있던 가버나움은 헤롯 안티파스의 영지였다. 따라서 마태는 직접 로마 정부에 고용된 것이 아니라, 헤롯에게 고용된 사람이었을 것이다. 어쨌든 세리를 '제자'로 부르신 것은 파격적인 일이었다. 사람의 과거와 현재를 전혀 문제시하지 않는 주님의 놀라운 선택을 보게 된다.

우리는 보통 사람의 과거를 본다. 그것으로 제자의 자격을 본다. 그런데 예수님은 미래를 보셨다. 그래서 선택하는 것이 다르셨다.

사람의 평가는 과거에 집착한다

사람들은 대체로 다른 사람을 평가할 때, 과거에 집착한다. 당연히 과거를 가지고 생각할 수 있다. 그런데 그것에 집착하면 실수할 수밖에 없다. 사실 오늘 어떤 생각을 하는 것은 과거의 역사 때문이다. 그런데 과거에 매이면 우리는 '편파적'이 된다. 그리고 '폐쇄적'으로 된다. 이것은 우리 주님의 길과 다르다.

예수님께서 마태의 집에서 음식을 드셨다. 잔치가 벌어졌다. 아마도 마태의 송별잔치였을 것이다. 옛 생활을 버리고 새 삶을 살겠다고 모두에게 표명하는 것이었을 것이다. 그 자리에 마태의 친구들이 왔다. 많은 세리와 죄인들이 왔다. 그런데 바리새인들이 보고 예수님의 제자들에게 예수님을 비난했다. 이런 사람들은 예나 지금이나 있다. 아마 결코 없어지지 않을 것이다. 이들을 보라. 세 가지 특징이 있다.

1) 죄인을 불쌍히 여기지 않는다

이들에게는 긍휼이 없다. 죄는 미워하되 죄인은 불쌍히 여기라는 말이 있다. 그러나 이들은 긍휼이 없다. 과거에 집착해서 폐쇄적이 되고 편파적이 되는 사람들을 보라. 긍휼함이 없다. 죄인을 불쌍히 여기지 않는다.

2) 사람의 결점을 찾고, 흠을 찾아 비판하는 데에 관심이 집중되어 있다

다른 사람의 결점을 집어내는 데 관심을 쏟는다. 예수님의 흠을 잡으려고 했다. 이런 사람에게 역사, 과거란 남의 흠을 잡기 위한 것일 뿐이다. 따라서 이런 사람과 함께하는 것은 그 자체가 파괴적이다.

3) 사람을 동정하기보다 정죄하는 것을 좋아한다

이들은 생명을 주지 않는다. 아픔과 파괴를 준다. 이런 사람들과 함께하면, 모든 것이 어둡다. 칙칙하다. 이런 사람이 되지 말자.

세례 요한의 제자들도 예수님께 질문한다. "우리와 바리새인들은 금식하는데 어찌하여 당신의 제자들은 금식하지 아니하나이까?" 이들도 문제가 있다. '**분별력**'이 약하다. 인생에는 때가 있다. 형통한 때와 곤고한 때가 있다. 기쁨의 때와 십자가의 때가 있다. 그런데 이들은 그것을 이해하지 못했다. **당신은 이해하고 있는가?** 예수님께서 세 가지 예를 들어서 설명하신다.

첫째, 혼인집 손님 비유이다. 혼인집 손님들이 신랑과 함께 있을 동안 슬퍼하면 안 된다는 말씀을 하신다. 예수님이 신랑이다. 예수님과 함께 있는데 기뻐하는 것이 당연한 것이다. 그러나 슬픔의 때, 십자가의 때가 되면 그에 합당하게 금식하면 될 것이다.

둘째, 생베 조각을 낡은 옷에 붙이는 비유를 통해 그렇게 하면 오히려 옷이 더 해어지는 어리석음을 범한다는 말씀을 하신다.

셋째, 새 포도주와 가죽 부대의 비유를 통해 새 포도주처럼 예수님의 새로운 교훈을 받으려면, 과거의 마음처럼 경직된 자세는 받을 수 없고, 새 가죽 부대처럼 탄력성과 수용성을 가져야 한다고 말씀하신다.

새 포도주는 발효되지 않은 것이다. 그래서 시간이 지나면서 생겨나는 가스가 가죽 부대에 압력을 넣는다. 새 가죽 부대는 신축성이 많기 때문에 부대에 압력이 가해져도 손상이 없다. 반면 낡은 가죽 부대는 굳어졌고 신축성을 잃어버렸기 때문에 발효하고 있는 새 포도주를 넣으면 가스의 압력을 견디지 못하고 터진다.

역사를 보면 사람들은 자주 옛것에 집착했다. 자동차, 철도, 비행기

등이 처음 등장할 때 여러 가지 논란이 많았다. 마취약이 외과 수술을 위해 도입이 되었을 때, 반대자가 많았다. 우산도 마찬가지였다. 처음 우산으로 비를 받고 거리를 걸었던 '한웨이'라는 사람을 사람들이 모욕하고 폭언을 쏟았다고 한다.

그런데 어떤 곳이든 좋은 변화는 새로운 마음을 가져야 가능하다. 포용성이 있어야 한다.

이 책을 읽는 사랑하는 형제, 자매여, 경직된 마음을 갖지 말고, 탄력성 있는 수용성 있는 마음을 가지라.

예수님은 우리의 장래 가능성을 보신다

우리 주님 예수님은 미래를 보시는 분이다. 과거에 집착하지 않으신다. 기억하라. 마태복음 9장 9절을 보라. "예수께서 그 곳을 떠나 지나가시다가 마태라 하는 사람이 세관에 앉아 있는 것을 보시고 이르시되 나를 따르라 하시니 일어나 **따르니라**" 마태는 이미 예수님에 대해서 듣고 있었을 것이다. 그는 예수님의 '명령'을 받아들여 모든 것을 버리고 예수님을 따랐다. 아마도 그의 마음속에는 새로운 생활에 대한 열망이 있었을 것이다. 그러니 따랐을 것이다.

예수님께서 지나가시다가 세관에 앉아 있는 마태를 보셨다. 상식적으로 사람들의 미움을 받는 사람이다. 이런 사람을 데리고 다니면, 예수님 평판에 좋을 것이 없다. 그런데 예수님께서 그에게 말씀하셨다. "나를 따르라" 그러자 그가 일어나 따랐다. 예수님께서는 모든 사람이 미워하는 세리 마태를 왜 부르셨을까? 그것은 인간의 '장래의 가능성'을 보시는 분이었기 때문이다. 우리도 예수님을 닮자. 사람의 과거를 부끄럽다고 멀리하지 말고, 그의 '가능성'을 보는 사람이 되자.

제자 마태에게서 발견하는 세 가지 중요한 점이 있다. 우리가 살펴보고 배워야 한다.

제자 마태에게서 발견하는 세 가지 중요한 점

1) 순종하는 마태

첫째, 마태는 순종하는 사람이었다. 이것이 제자에게 가장 중요한 기본 사항이다. 1장에서 베드로, 안드레, 야고보, 요한 이 네 명 제자의 부르심을 살펴보았다. 그들은 예수님의 부르심에 '즉각적으로 순종'했다. 베드로와 안드레는 '곧' 그물을 버려두고 예수님을 따라갔다. 야고보와 요한도 '곧' 배와 아버지를 버려두고 예수님을 따랐다. 혈연관계도 상관하지 않았고, 미련 없이 직업을 버렸다. 마태도 마찬가지였다.

예수님께서 "나를 따르라" 하시자 '일어나 따랐다.' 놀랍다. 그는 젊은 이였을 것이다. 젊은이가 추구하는 것이 무엇인가? 안정된 직장 아닌가? 마태는 예수님을 따라 일어나면서 '안정된 직업'을 잃었다. 대신 '새로운 인생'을 발견했다. 그는 예수님의 말씀에 순종해 일어나는 순간, 앞으로 있을 '풍부한 수입'을 포기한 것이다. 그러나 그는 신앙적 '명예'를 얻게 된다. 마태가 주님 말씀에 순종하였을 때, 그는 앞으로 '안정적인 삶'을 잃게 된 것이다. 그러나 그는 주님과 함께 모험적인 삶을 시작하게 된 것이다.

'나를 따르라'는 말씀의 의미를 생각해 보자. 주님의 명령을 받아들이면, 물질적인 면에서 손해 보는(가난한) 우리 자신을 발견하게 될 수 있다. 우리는 세상에 속한 야망을 버리게 된다. 그러나 예수님 안에서 사람은 그리스도를 위하여 포기한 것 이상의 하늘 보화를 발견한다. 우리도 순종하자.

2) 인도자 마태

마태에게서 발견하는 두 번째 중요한 점은 '인도자' 마태의 모습이다. 마태복음 9장 10절에서 "예수께서 마태의 집에서 앉아 음식을 잡수실 때에 많은 세리와 죄인들이 와서 예수와 그의 제자들과 함께 앉았더니"라고 말씀한다. 마태는 자기 주변의 세리들, 죄인들을 초대했다. 예수님 앞으로 인도한 것이다.

바리새인들이 그것을 보고 비판했을 때, 예수님께서 말씀하셨다. "건강한 자에게는 의사가 쓸 데 없고 병든 자에게라야 쓸 데 있느니라"(마 9:12) 그러면서 아주 귀한 말씀을 하신다. "너희는 가서 내가 긍휼을 원하고 제사를 원하지 아니하노라 하신 뜻이 무엇인지 배우라 나는 의인을 부르러 온 것이 아니요 **죄인을 부르러 왔노라 하시니라**"(마 9:13)

마태는 예수님 앞에 마땅히 인도해야 할 사람들을 인도했다. 그는 온전한 제자였다. 우리도 배우자.

3) 새 가죽 부대같이 탄력성, 포용성을 지닌 마태 - 미래의 변화

마태에게서 발견하는 세 번째 중요한 점은 '새 가죽 부대 같은 탄력성, 포용성'이다. 마태는 새 가죽 부대 같았다. 탄력성, 포용성을 가지고 있었다. 뿐만 아니라 변화되고 새로운 일을 하는 데 잘 적응했다. 마태는 세리의 자리를 떠났다. 돈을 벌지는 못하지만, 세계가 영원토록 읽어야 할 가장 중요한 책 중의 하나로 평가되는 예수님의 가르침을 기록했다. 신약성경의 맨 앞에 그의 복음서가 자리 잡고 있다. 그만큼 중요하기 때문이다. 그는 예수님을 따라다니면서 주님이 하시는 말씀과 행적을 기록하고 보존할 사람으로 변화된 미래를 살게 된다.

그가 세리의 자리를 버리고 물질을 포기했을 때, 그는 영적인 부자, 천국의 부유한 상속자가 되었다. 참고로 그는 본래 잘하던 '돈 관리'를 하지도 않았다. 주님께서는 그에게 그 일을 맡기지 않으셨다. 그러나 그는 자기가 하던 일과 다르다고 섭섭해하지 않았다. 대신 정말 중요한 사명을 발견하고 감당한다.

어떤 성서학자(바클레이)가 마태에 대해서 이렇게 표현했다. "특별히 그는 자신의 체험을 매우 단순하게 담백하게 표현하고 있다. 자기희생에 대해 아무런 언급이 없다. 사복음서 어디에도 그가 무엇을 말하고 있는 것으로 소개된 적이 없다. 그의 말을 우리는 한마디도 듣지 못한다. 그러나 그는 이 놀라운 마태복음을 통해 더 찬란한 빛을 우리에게 비춰 주고 있는 것이다." 참으로 멋있는 제자이다.

말을 많이 한다고 공헌하는 것이 아니다. 자기 노력과 희생을 언급한다고 인정받는 것이 아니다. 하나님께서는 이렇게 겸손하게 자기를 낮추는 자를 통해 큰일을 이루시는 것이다. 탄력적인 수용성, 포용성을 가지라.

죄인을 부르러 오신 예수님

이 장을 마치기에 앞서 한 가지, 예수님에 대해서 잠시 생각해 보자. 예수님께서 "건강한 자에게는 의사가 쓸 데 없고 병든 자에게라야 쓸 데 있느니라"고 말씀하셨다. 의사는 병자가 아니다. 그런데 병자와 함께 있다. 치료하기 위해서…. 예수님께서 죄인과 함께하신 것은 악한 사람과 '유유상종'(같은 무리끼리 서로 사귐)이 아니라, 병든 자를 치유하시기 위해서다. 주님께서는 우리와 같은 분이 아니다. 그런데 우리와 함께하신다. 바로 우리를 치료하시기 위해서다.

이 책을 읽는 사랑하는 형제, 자매여, 당신이 혹시 아픈가? 병들었는가? 영적으로 죄인인가? 숨겨진 죄가 있는가? 이제 주님 앞에 나오라. 그리고 주님으로부터 치유를 받으라. 두려워하지 말라.

예수님께서 "너희는 가서 내가 긍휼을 원하고 제사를 원하지 아니하노라 하신 뜻이 무엇인지 배우라"고 하셨다(마 9:13). 이 말씀은 구약 호세아 6장 6절 말씀이다. "나는 인애를 원하고 제사를 원하지 아니하며 번제보다 하나님을 아는 것을 원하노라"는 말씀이다. 하나님께서 원하시는 것은 제사(예배), 번제(헌금)라기보다 하나님의 뜻을 알고 행하는 것이다. 진정성 없는 예배는 '죽은 의식주의'에 불과하기 때문이다. 오늘 주님을 만나라. 의식으로가 아니라, 진정으로!

예수님께서 말씀하셨다. "나는 의인을 부르러 온 것이 아니요 죄인을 부르러 왔노라"(마 9:13) 누가복음에는 '회개시키러'라는 말이 첨가되어 있다. 이것은 마태도 함축하고 있는 것이다. 그런데 여기서 '부른다'는 말은 헬라어 '카레인'이다. 손님을 집으로 초대하거나 식사에 초대할 때 쓰는 헬라어다. 예수님께서는 죄의식을 가장 많이 가지고 하나님을 가장 필요로 하는 사람들을 초청하러 오셨다는 것이다. 죄인들이 예수 그리스도를 그들의 주와 구세주로 영접하도록 열어 놓은 초대이다.

오늘도 이 초대는 유효하다. 당신이 죄인인가? 그렇다고 느끼는가? 그렇다면 기뻐하라. 주님께서는 바로 당신 죄인을 부르러, 초대하시려고 오셨다. 주님의 초대에 응답하라. 주님께서 마태를 부르시고, 새로운 인생으로 그의 미래를 이끄셨듯이, 바로 죄인으로 인식하는 당신도 주님께서 아름다운 미래로 인도하실 것이다.

당신은 바리새인인가? 아니면 세리인가? 주님 앞에 과거의 경건은 별 의미가 없다. 특별히 낡은 가죽 부대처럼 수용성(포용성)이 전혀 없다면 제자가 될 수 없다. 그러나 세리인가? 과거의 죄는 별 상관없다. 당신이 새 가죽 부대처럼 수용성(포용능력)이 있다면….

이제 주님의 초청과 부르심 앞에 일어나 따라갔던 제자 마태처럼, 우리도 주님의 부르심 앞에 제자로서 일어나 따라가게 되기를 바란다. 다시 말한다. 과거는 중요하지 않다. 중요한 것은 당신의 '자세'다.

1) 순종할 수 있는가?

2) 친구들을 주님께 인도할 수 있는가?

3) 새 가죽 부대같이 탄력성(수용성)이 있는가? 그렇다면 당신도 마태처럼 변화된 사람이 되어 미래에 기억되는 좋은 제자가 될 것이다. 바라기는 우리 모두 그런 사람들이 되었으면 한다.

한 가지 이야기를 말씀드리면서 이번 장을 마치겠다.

조선 시대에 한 여인이 있었다. 남편이 일찍 세상을 떠났다. 이재라고 하는 아들이 하나 있었는데 장래가 걱정되었다. 그래서 아이의 숙부를 찾아가 맡아서 키워 달라고 부탁했다. 하지만 숙부는 거절했다. 자기가 조카를 맡아 키우다가 꾸짖거나 나무라면 형수가 상처받을 터이니 싫다고 한 것이다. 그렇지만 아이의 어머니가 계속 간청하는 바람에 숙부(이만성)가 아이를 맡게 되었다.

그런데 얼마 안 되서 아이 어머니를 찾아와서 무릎을 꿇고 빈다.

"형수님, 제가 죽을 죄를 지었습니다. 조카가 학문에 뜻이 없고 장난이 심하고 딴전을 피워서 매를 쳤는데, 그만 죽고 말았습니다." 아이의 어머니는 깜짝 놀랐다. 너무 슬퍼서 한참을 울었다. 그리고는 말했다. "사람 만들려고 때린 것이지, 숙부가 조카를 미워서 죽으라고 때렸겠습니까. 후회하지 않겠으니 삼촌께서는 상심하지 마세요. 제가 자식 복이 없나 봅니다."

그러자 아이의 숙부가 말했다. "형수님, 실은 제가 외람되게 형수님 마음을 알아보려고 그냥 해본 말입니다. 형수님이 이렇게까지 저를 믿어 주시고 맡기셨다는 것을 알게 되어서 기쁩니다. 제가 친자식처럼 맡아 가르치겠습니다." 아이의 삼촌이 조카를 성심껏 키웠고, 그 아이는 훌륭하게 성장하여 영조 때 대제학, 이조참판을 역임했다. 그리고 대학자로서 많은 학자를 길러 내는 사람이 되었다.

제자는 새 부대처럼 가르치는 선생님 앞에서 탄력성(수용성)을 가지고 있어야 한다. 무엇보다 우리의 스승은 '예수님'이시다.

주님께 모든 것을 맡기고, 절대적으로 신뢰하고 새 부대 같은 자세로 주님과 말씀을 대하자. 그래서 마태처럼 주님 앞에 아름다운 변화로 후대에 귀한 이름을 남기는 우리 모두가 되기를 바란다.

6장

선택

자신과 어울리는
사람을 찾으라

6장

선택

자신과 어울리는 사람을 찾으라

엄마가 두 아들에게 주려고 맛있는 빵을 굽고 있었다. 두 아들이 처음 구운 것을 서로 먼저 먹겠다고 하자 엄마가 교훈을 했다. "만약 예수님 이시라면, 분명히 '네가 먼저 먹어라' 하시면서 양보하실 거야." 그러자 머리가 좋은 큰아들이 이렇게 말했다. "알겠어요." 하면서 동생에게 말했다. "야, 내가 먼저 양보할 테니까, 네가 먼저 예수님 해."

500년 전 종교개혁이 성공했던 이유가 무엇일까? 이런저런 이야기가 있다. 그런데 한마디로 이번 장에서 다룰 내용의 말씀을 루터가 지켰기 때문이다. 이번 장의 말씀을 잘 기억하라. 그래야 성공한다.

마태복음 10장을 보면 예수님께서 열두 사도를 선택하시는 내용이 나온다. 사도는 평범한 사람들로 구성됨과 동시에 혼합된 사람들로 구성된다. 어부도 있고, 매국노로 여겨지던 세리도 있고, 극단적 애국자인 열심당도 있다. 열두 사도는 선택된다. 자신들이 결정하는 것이 아니라, 부르심을 받은 선택된 사람들이다.

제자들 중에서도 특별하게 선임된 열두 명이다. 그 직책은 임명된 것이다. 사도란 '보내심을 받은 사람'이라는 뜻이다. '대사'를 뜻한다. 예수 그리스도의 전령자를 뜻한다. 우리는 이 말씀을 통해 제자로서의 전도와 사역에 관한 기본적 원칙에 대한 교훈을 얻기를 원한다.

사도의 직무

사도의 직무가 있다. 우리는 사도의 직무에 대한 설명 중 마태복음 10장 5-6절을 중점적으로 살펴보려고 한다. 여기서는 금지사항과 우선순위가 나온다. 이 부분을 주의 깊게 살펴볼 필요가 있다. 우리가 전도하고 사역할 때, 금지사항과 우선순위에 적용할 수 있기 때문이다.

1) 금지사항
우선 금지사항이 나온다.

예수께서 이 열둘을 내보내시며 명하여 이르시되 이방인의 길로도 가지 말

고 사마리아인의 고을에도 들어가지 말고(마 10:5)

이방인에게 가지 말라고 한다. 또한 사마리아인에게 가는 것이 금지
된다. 우리는 이 말씀에서 전도할 때, 초점이 있어야 한다는 것을 기억
해야 한다. 아무런 목표 대상 없이 무작위로 하는 것이 아니다. 적절한
목표 대상이 있어야 한다. 동시에 결코 앞설 대상이 아닌 사람들이 있다
는 것을 기억해야 한다. 그 이유와 금지대상에 대한 이해는 조금 후에
하더라도, 우선 전도는 아무렇게나 아무에게나 하는 것이 아니라는 것
을 기억하시기 바란다.

낚시를 할 때, 아무 미끼를 써서 아무렇게나 던지는 것은 어리석은 것
이다. 어떤 종류의 물고기를 낚을 생각인지, 그리고 그 물고기를 낚으려
면 어떤 미끼를 사용해야 하는지를 잘 알아야 원하는 물고기를 제대로
낚을 수 있다. 마찬가지로 전도와 사역도 그냥 아무렇게나 아무에게나
하는 것이 아니다. 이 원칙을 기억하기 바란다.

2) 우선순위

우선순위를 예수님께서 말씀하신다. "오히려 이스라엘 집의 잃어버
린 양에게로 가라"(마 10:6)고 말씀한다. 이방인, 사마리아인은 말고, 이스

라엘 집의 잃어버린 양에게로 가라는 것이 예수님의 명령이다. 분명한 우선순위를 두고 계신다. 이스라엘 집의 잃어버린 양에 최우선 순위를 두는 것이다. 사역에는 우선순위가 있다는 것을 기억하라.

자기 고집이 강한 사람들이 있다. 전도 방식도 자기 고집으로 하는 사람이 있다. 그래서는 안 된다. 제자는 무조건 주님의 뜻을 따라야 한다. 참고로 주님께서는 왜 그래야 하는지 설명하고 있지 않다. 제자들도 묻지 않는다. 중요한 것은 예수님께 이유를 묻지 말고, 말씀하시면 따르는 것이다.

예수님의 이 말씀은 갈릴리로 사역의 초점을 국한하신 것 같다고 성서학자들은 생각한다. 지혜로운 사령관은 목표물을 제한한다. 집중적 목표를 갖는 것이다. 물론 이것은 일시적이며, 이후에 점점 확장될 것이다. 최종적으로는 예루살렘, 온 유대, 사마리아, 그리고 이방인이 있는 땅끝까지 이르러 복음이 전파되어야 한다. 그러나 우선 집중적인 목표에서 모든 일이 시작된다. 또한 하나님의 계획은 특별한 장소에서 일어난다. 그래서 우선순위가 있다고 하는 것이다.

만화 영화 제작자 월트 디즈니는 좋은 영화를 만들기 위해서 이야기 진행에 방해가 되는 것은 가차 없이 잘라 버렸다. 한번은 그가 '백설공주'를 만들 때의 일인데, 워드 킴벌이라는 만화가가 8개월에 거쳐서 4분 30초 분량의 내용을 만들었다. 난쟁이들이 백설공주를 위해서 수프를 만들다가 주방을 거의 망가뜨릴 뻔하는 내용이었다. 디즈니는 그 장면이 재미있다고 말했지만, 전체 이야기의 흐름을 막는다고 생각해서 잘라 버렸다.

이 책을 읽는 사랑하는 형제, 자매여, 우리에게도 선택이 필요하다. 우선순위가 필요하다. '집중'이 필요하다. "잃어버린 양에게로 가라"는 말씀은 우리에게 시사하는 바가 크다. 이것은 준비된 심령에게 가라는 말씀이다. 잃어버린 양은 우선 '양'이라는 것이 중요하다. 그 존재가 염소가 아니라 '양'이다. 우리의 목표는 '염소'를 데려다가 '양'으로 개조시키는 것이 아니다. 우리의 목표는 '양'이다. '잃어버린 양'을 찾는 것이 목표다.

이것은 마치 소풍 때 하는 보물찾기를 생각하면 된다. 아무것이나 집어 온다고 선물을 주지 않는다. 보물을 찾아와야 선물을 준다. 우리는 하나님 앞에서 '양'을 데리고 와야 한다. '염소'가 아니다. '잃어버린 양'을 데리고 와야 한다. "귀 있는 자는 성령께서 하시는 말씀을 듣기 바란다." 깨달음이 있기 바란다.

머묾과 떠남의 법칙

복음을 전할 때, 세 종류의 사람이 존재한다. 이것은 사도처럼 목회자들에게 직접적으로 적용될 수 있고, 동시에 모든 성도들이 전도할 때 기본 원칙으로 적용할 수 있다. 아주 중요한 원리다.

목회자 입장에서 사역지는 세 종류가 있다. 그리고 모든 성도들이 복음을 전할 때, 사람들은 세 종류로 나누어진다. 열두 사도에게 예수님께서 가르쳐 주신 분별법을 통해서 지혜를 얻고, 지혜롭게 복음을 전하는 우리가 되기를 바란다.

1) 복음에 합당한 사람

첫째, 복음에 합당한 사람이 있다. 복음은 그런 사람에게 전해야 한다. 마태복음 10장 11절에서 "어떤 성이나 마을에 들어가든지 그 중에 합당한 자를 찾아내어 너희가 떠나기까지 거기서 머물라"고 말씀한다. '합당한'이라는 단어는 헬라어 '악시오스'인데, '칭찬받을 만한, 가치 있는, 적합한' 등의 의미다. 칭찬받을 만한 사람, 가치 있는 사람, 복음에 합당한 자를 찾아서 가까이하며 말씀을 전해야 한다. 그렇다면, 어떤 집이 합당한 집인가?

두 가지 요소가 있다. 그것은 영접과 들음이다. 예수님께서 하신 말씀에서 유추해 낸 것이다. 예수님께서 말씀하셨다.

누구든지 너희를 영접하지도 아니하고 너희 말을 듣지도 아니하거든 그 집

이나 성에서 나가 너희 발의 먼지를 떨어 버리라(마 10:14)

우리는 이 말씀에서 복음에 합당한 자는 사도들을 영접하고, 사도들의 말을 듣는 좋은 사람, 순종의 사람이라는 것을 유추해 낼 수 있다.

이 책을 읽는 사랑하는 형제, 자매여, 복음에 관해 세 종류의 사람이 있는데, 우선 합당한 자가 있다. 누가 합당한가? 영접하고 말씀을 듣는 자, 곧 착하고 순종적인 사람이다. 복음은 이런 사람에게 전하는 것이다. 이런 사람을 준비된 심령이라고 말한다. 하나님께서 추수하시는데, 이미 무르익어서 준비된 심령이 있다. 그야말로 이런 사람들이 잃어버린 양이다. 이런 사람은 복음 전도자가 다가가면 문을 열고 영접하고, 말씀을 듣는다. 착하고 순종적이다. 전도는 이런 사람을 대상으로 하는 것이다.

고구마 전도법에서 이런 사람을 잘 익은 고구마라고 표현한다. 보통 고구마는 젓가락으로 찌르면 전혀 들어가지 않는다. 그러나 잘 익은 고구마는 젓가락으로 찌르면 쉽게 들어간다. 마찬가지로 힘들이지 않고 그냥 인도해 올 수 있는 사람이 있다. 이런 사람을 전도해야 한다. 전도는 어렵게 하지 말고, 쉽게 해야 한다.

이런 사람을 만나면 어떻게 해야 하는가? 예수님께서 말씀하셨다. "또 그 집에 들어가면서 평안하기를 빌라 그 집이 이에 합당하면 너희

빈 평안이 거기 임할 것이요"(마 10:12-13) 평안하기를 빌라. 그 집, 그 사람이 합당하면 하나님의 평안이 그 집과 그 사람에게 임한다고 말씀한다. 나는 어느 곳에 가든지 평안과 복을 빈다. 그 사람과 그 집이 합당하면 주님의 평안과 복이 임한다. 그것이 주님의 말씀이다.

이 책을 읽는 사랑하는 형제, 자매여, 여러분도 마찬가지이다. 복음을 들고 갔을 때, 나를 영접하고 말씀을 듣는 사람의 평안을 위해 기도하라. 합당하면 복이 임할 것이다.

2) 푸대접하는 사람

복음에 관해 둘째 종류의 사람이 있다. 푸대접하는 사람이다. 예수님께서 말씀하셨다.

누구든지 너희를 영접하지도 아니하고 너희 말을 듣지도 아니하거든 그 집이나 성에서 나가 너희 발의 먼지를 떨어 버리라(마 10:14)

푸대접하는 사람이 있을 수 있다. 그런 경우 어떻게 해야 하는가? 성에서 나가라고 주님께서 말씀하신다. 무슨 말인가? **떠나라**는 것이다. 즉, 이런 경우는 복음을 전할 수 없다는 것이다. 따라서 어떻게 해야 하는가? 더 기도하고, 더 무장하고 전도하는가? 아니다. 떠나는 거다. 이것이 예수님께서 제자들에게 가르치신 사역의 방식, 전도의 방식이었다.

오늘날 너무도 많은 사람들이 주님의 지시에 순종하지 않는다. 자기방식으로 전도한다. 무조건 밀어붙이기 식으로 달려든다. 결과는 실패다. 그러고는 자기가 화내고 절망한다. 순종하라. 주님의 말씀대로 하라. 푸대접하는 사람에게 애쓰지 마라. 그 시간을 합당한 사람에게 쓰라. 잃어버린 양에게, 준비된 심령에게 나아가는 것이 지혜로운 것이다. 푸대접하는 사람은 떠나야 한다.

어느 무더운 날(섭씨 37도, 화씨 99도) 미국 샌안토니오에서 두 여성이 실수로 차에 열쇠를 두고 문을 잠그고 내렸다. 문제는 그 안에 10달 된 여자아이가 있었다. 두 여인이 차 주변을 돌면서 미친 듯이 애를 쓴다. 그러나 열 수가 없다. 마침 주변에서 한 사람이 와서 옷걸이로 문을 열려고 했지만 잘 되지 않았다. 아이의 얼굴이 점점 자주색이 되어 가고, 입에서 거품이 나오고 있는데 마침 구조차가 도착했다. 도착해 보니 그야말로 사느냐, 죽느냐의 기로에 서 있었다. 그래서 구조하러 온 사람이 망치를 가지고 차 뒤 유리창을 깨고 아이를 구해 냈다.

그런데, 이 사람이 어떻게 되었을까? 영웅 대접을 받았을까? 이 구조원의 말에 의하면, 그 여성이 자기에게 매우 화를 내었다고 한다. 왜 그랬을까? 자기 차 유리창을 깼기 때문이란다. 세상에는 항상 이상한 사람이 존재한다. 어쩌겠는가? 싸우지 말고, 떠나라. 그리고 다른 구할 사람을 계속 구해야 한다.

3) 박해자

복음에 관해 셋째 종류의 사람이 있다. 박해자이다. 예수님께서 말씀하셨다.

이 동네에서 너희를 박해하거든 저 동네로 피하라 내가 진실로 너희에게
이르노니 이스라엘의 모든 동네를 다 다니지 못하여서 인자가 오리라
(마 10:23)

복음을 가지고 가는데, 핍박하는 사람이 있다. 어떻게 해야 하는가?
같이 싸울까? 아니다. 피하라고 말씀하신다.

이런 경우는 그냥 떠나는 것이 아니라, 피해야 한다. "때를 얻든지 못
얻든지 복음 전하기를 힘쓰라"는 말씀은 언제든지 복음을 전하기 위해
서 힘쓰라는 것이지, 무조건 밀어붙이라는 이야기가 아니다. 사랑하는
성도 여러분, 지혜로운 복음 전도자가 되시기 바란다.

자신과 어울리는 사람을 찾으라

결론적으로 이 장의 말씀을 정리한다. 우리는 복음을 전하되 금지사항과 우선순위가 있다는 것을 기억해야 한다. 지혜롭게 바른 목표를 가지고 집중해야 한다. 주님의 우선순위를 따라야 한다. 내 관심, 염소가 아니라 잃은 양에게 집중해야 한다. 하나님의 양, 잃어버린 양을 찾아야 한다.

복음을 전할 때, 전도할 때 세 종류의 사람을 만나게 된다. 복음에 합당한 자가 있다. 복음 전하는 사람을 영접하고 말씀을 듣는 사람이 있다. 복음은 이렇게 착하고 순종적인 사람에게 전하는 것이다. 또한 푸대접하는 사람이 있다. 푸대접하고 말씀을 듣지 않는다. 이런 사람을 만나면 어떻게 해야 하는가? 떠나야 한다. 그리고 세 번째로 박해자가 존재한다. 복음을 전하는 사람을 괴롭힌다. 어떻게 해야 하는가? 이 역시 피해야 한다. 이것을 기억하시고 지혜롭게 복음을 전하시기 바란다.

이 지침은 내가 내리는 것이 아니다. 예수님께서 친히 열두 사도에게 가르치신 말씀이다. 예수님께서 제자들에게 마지막 분부하시면서 "내가 너희에게 분부한 모든 것을 가르쳐 지키게 하라"(마 28:20)고 명령하셨다. 우리도 이 방법을 따라 복음 전도해야 한다. 그러면, 힘이 덜 들고, 불필요한 충돌을 피할 수 있다.

결국 주님의 명령은 "나와 어울리는 좋은 사람을 찾으라"는 말씀이다. 좋은 'Matching'(어울림), 나와 좋은 어울림을 이루는 사람을 찾고 만나서 함께해야 한다. 이것은 모든 행복한 삶의 비결이다. 결혼도 사역도 다 마찬가지이다. 나와 어울리는 좋은 사람을 찾아서 행복한 사역, 행복한 목회를 하는 것이 맞다.

500년 전, 마틴 루터가 종교개혁에 성공할 수 있었던 이유는 바로 이 말씀대로 했기 때문이다. 그를 푸대접하거나 박해하는 곳을 피해서, 자신을 영접해 주는 사람을 만나 그의 후원을 받고 종교개혁을 성공한 것이다. 자신을 지원해 주는 여성을 만나 가정을 꾸리고, 아내의 지속적 도움을 받아 주의 일을 성공했다.

이 글을 읽는 사랑하는 형제, 자매여, 나와 맞지 않는 사람과 사는 것이 하나님의 뜻이 아니다. 나와 잘 어울리는 사람을 만나서 행복하게 사는 것, 목회도 그렇게 하는 것, 이것이 주님의 뜻이다.

순전한 지혜를 가지라

바로 이런 이유 때문에 예수님께서 제자들에게 이런 말씀을 하신다.

보라 내가 너희를 보냄이 양을 이리 가운데로 보냄과 같도다 그러므로 너희

는 뱀 같이 지혜롭고 비둘기 같이 순결하라(마 10:16)

뱀은 빠른 경계심을 가진 동물이다. 상황 분석에 민감하다. 뱀처럼 지혜로우라는 말씀은 합당한 때에, 합당한 방법으로 합당한 것을 하는 지혜를 가지라는 말씀이다. 비둘기는 순결함, 순전함의 상징이다. 비둘기처럼 순결하라는 것은 악하지 말라는 것이다. 순수한 동기와 지혜를 가져야 한다. 그래서 나는 이 말씀 두 가지를 합쳐서 '순전한 지혜'라는 표현을 한다. 우리에게 순전한 지혜가 있어야 한다. 참고로 뱀처럼 간교한 사람, 비둘기처럼 멍청한 사람이 되지 말아야 한다. 우리는 뱀의 지혜와 비둘기의 순결을 가진 순전한 지혜의 사람이 되어야 한다. 복음 전도자는 그래야 한다.

한 번 왔던 기회는 다시 돌아오지 않는다. 어떤 것은 정말 평생 한 번이다. "다시 돌아오지 않은 것이 셋이 있다. 입에서 나온 말, 쏘아 버린 화살, 잃어버린 기회가 바로 그것이다."라는 말이 있다. 복음 전파의 기회를 활용해서 하나님의 잃어버린 양을 하나님께로 온전하게 인도하는 우리가 되기를 바란다.

한 가지 이야기를 말씀드리면서 이번 장을 마치겠다.

조선 숙종 때 왕이 암행을 했다. 충북 충주에 갔는데, 다리 밑 거적때기 움막에 이르렀다. 거기서 거지 부자가 이를 잡고 있었다. 그런데 아들이 소리쳤다. "왕(王)이 잡았어요." 왕이 왕이라는 말에 귀를 기울였다. 그러자 아버지 거지가 말했다. "그래도 임금 아니냐. 살려 드려라." 왕이 관심이 생겨서 들어갔다. 거기서 비빔밥을 대접을 해준다(물론 동냥해서 온 것이었다). 왕이 보니 아버지 되는 사람이 비범해 보인다. 그래서 과거를 보라고 하자, 그가 말한다.

"무화불성(無貨不成)이라 부질없습니다." 보통은 무한불성(無汗不成: 없을 무, 땀 한, 아닐 불 이룰 성)이다. 즉, 땀(노력)이 없으면 이루지 못한다, 성공 못 한다는 말인데, 그는 땀 '한' 대신 '화'(貨)를 쓴 것이다. 여기서 '화'는 재화(물질)을 뜻한다. 즉, 돈이 없어서 안 된다고 말하는 것이다. 그러면서 이야기 하나를 들려주었다.

새들이 노래 대회를 하게 되었다. 그런데 노래 못하는 까마귀가 심사를 맡은 학에게 청탁을 했다. 개구리 뒷다리를 뇌물로 갖다 주었다. 학이 좋아하자, 까마귀는 계속 개구리 뒷다리를 가져다주었다. 대회 당일에 꾀꼬리, 종달새, 여러 새들이 잘 불렀는데, 학이 평가하기를 다들 잘하지만, 개성이 약하다고 한다. 그런데 까마귀는 개성이 뚜렷해서 최고라고 하면서 1등을 주었다. 그러면서 자기는 개구리 뒷다리가 없어서 안 된다고 한다. 당시의 타락한 세태를 풍자했던 것이다.

숙종이 내년 봄에 한양에 꼭 올라와서 과거시험을 보라고 했다. 이 사람이 그 말대로 올라와서 과거를 봤다. 고사성어, 사자성어 문제가 나왔다. 그런데 "무한불성"이 아니라, "무화불성"이라고 나왔다. 이 남자가 잘 써서 장원급제했다고 한다.

잃은 양에게 가라. 그리고 나와 어울리는 좋은 사람을 찾으라. 그래서 행복한 만남의 복을 누리고 살라.

7장

마음

고생의 짐이 아닌
쉼을 얻으려면
온유하고
겸손한 사람이 되라

7장

마음

고생의 짐이 아닌 쉼을 얻으려면
온유하고 겸손한 사람이 되라

젊은 시절 다방에서 늘 살던 할아버지가 계셨는데 첫 해외여행을 가게 되었다. 비행기에서 깜박 졸다가 깼는데, 다른 사람은 모두 커피를 마시고 있기에 옆에 앉은 할머니에게 물었다. "커피 어디서 시켜요?" 할머니가 말했다. "저 아가씨들이 그냥 줬어요." 할아버지가 승무원을 불러 따졌다. "아니, 왜 나만 빼고 커피 돌려? 사람 무시해?" 승무원이 부드럽게 말했다. "죄송해요. 지금 가져다 드릴게요." 할아버지 왈 "당연하지! 대신 나 커피 두 잔 타다 줘." 승무원이 두 잔 주면서 "화 푸세요." 하자, 할아버지 흐뭇한 표정으로 여 승무원에게 말했다. "그래. 수고했어. 한 잔은 너 마셔." 습관이 무섭다.

우리 모두에게 나쁜 습관이 있다. 불필요한 짐을 지고 고생하는 것이다. 우리는 모두 심한 스트레스를 가지고 산다. 세상에 지친 사람들이 많다. 하나님을 찾으려고 노력하다가 만나지 못하고 포기한 사람도 있다. 혹은 정말 착하게 살아 보려고 노력하지만 계속 실패함으로 절망에 빠지는 사람도 있다. 혹은 삶의 목표, 사명을 찾아보지만 아무런 의미를 발견 못해서 허무해하는 사람도 있다. 혹은 이런저런 이유로 고생하고, 인생의 짐이 너무 무거워서 지치고 실망한 사람들이 있다. 인생의 실패자도 있다. **당신은 괜찮은가?**

수고하고 무거운 짐 진 자들아 다 내게로 오라 내가 너희를 쉬게 하리라

(마 11:28)

예수님께서 말씀하셨다. "수고하고 무거운 짐 진 자들아 다 내게로 오라 내가 너희를 쉬게 하리라" 수고하고 무거운 짐 진 자들, 지칠 대로 지친 사람들아, 다 내게로 오라고 하신다. 진리를 찾고, 정의를 찾다가 고생(수고)하고 힘든 사람들을 부르신다.

예수님께서 자신에게 오라고 하셨다. 특별히 하나님을 만나고 싶으나 만나지 못했던 사람들, 진리를 찾지만 얻지 못한 사람들, 이들에게 '내게로 오라'고 하신다. 오는 것은 **예수님을 '믿는 것'**을 뜻한다. 하나님

을 찾으려는 모든 노력은 예수님을 만나면 다 끝나게 된다. 오되 '다 내게로 오라'고 하셨다. '모든' 사람을 초대하시는 것이다. 물론 이 책을 읽는 형제, 자매, 한 사람, 한 사람이 다 포함된다. **주님께서 당신을 부르신다.**

그런데 모두를 부르시지만 특히 누군가를 염두에 두고 계신다. 바로 '수고하고 무거운 짐 진 자들'이다. 무슨 수고, 무슨 짐인지는 명확하게 규명하고 계시지 않다. 아마도 '모든 것'을 포함하는 것이라고 여겨진다. 사는 것이 고생스러운가? 힘이 드는가? **주님께 오라.** 특별히 영적인 면에서 수고와 무거움을 느끼는 사람들에게 이 말씀은 정말 복음(좋은 소식)이다.

당시 바리새인들과 서기관들에 의해서 어깨에 놓인 무거운 율법의 짐과 규칙으로 억압받는 모든 자들에게 주신 초청의 말씀이다. 당시 정통 유대인들에게 종교는 '무거운 짐'이었다. 끝없는 규례와 규칙이었다.

예수님의 초청의 말씀은 오늘날에도 유효하다. 성서학자 헨드릭슨이 말했듯이 많은 사람들이 '전적으로 혹은 부분적으로 자신의 노력으로 구원을 성취하려고' 노력한다. 모든 피곤한 사람들의 마음은 바리새적인 요소를 품고 있다.

"내가 너희를 쉬게 하리라"고 하셨다. 예수님께서 안식을 주신다는 말씀이다. 두려움, 근심이 사라지게 해주시고, 마음의 평안을 얻게 해주시는 것이다. 특별히 '내가'가 강조적으로 표현되었다. 즉, 다른 사람은 너희를 어떻게 대우하더라도 '나는 너희를 쉬게 할 것이다'라는 약속의 말씀이다.

우리를 '쉬게' 하시겠다고 말씀하신다. 우리의 몸과 영혼이 상쾌함을 얻게 해주신다는 것이다. 이 말씀은 다시는 일을 하지 않는다는 말이 아니다. 주님께서 우리에게 적합하도록 영혼에 쉼과 상쾌함을 주실 것이고, 가볍게 일을 할 수 있게 해주신다는 것이다.

오래전, 영국 런던의 빅토리아 정거장에서 바클레이(Ian Barclay)라는 사람이 기차를 탔다. 자기 맞은편에 두 청년이 앉아 있었다. 기차가 출발하고 약 10분쯤 지났을 때, 맞은편에 앉아 있던 한 청년이 경련을 일으키며 의자에서 바닥으로 떨어져 마구 몸을 뒤틀며 무섭게 떨었다. 간질이었다.

그러자 그와 함께 앉아 있던 청년이 그를 의자 위로 들어 올려 눕히고, 이마의 땀을 닦아 주고, 머리 밑에 베개를 받쳐 주고, 담요를 덮어 주었다. 그리고 조금 놀란 것 같아 보이는 바클레이에게 말했다. "죄송합니다. 정말 죄송합니다. 제 친구에게 이런 일이 일어날 줄 몰랐습니다. 보통 한 달에 한 번씩 간질이 오는데 바로 이틀 전에 있었거든요. 이렇게 빨리 또 올 줄은 생각지도 못했습니다."

그러면서 그 청년은 자신들의 이야기를 하기 시작했다.

"저는 미국인이고, 이 친구는 영국인입니다. 우리는 월남전에서 함께 싸운 전우입니다. 그런데 베트콩과 전투하다가 우리 둘 다 중상을 입었습니다. 제 한쪽 다리가 날아가 버렸습니다. 지금 한쪽은 의족입니다. 이 친구는 옆에서 터진 수류탄으로 한쪽 가슴이 엉망이 되었습니다. 그런데 우리를 구조하러 오던 헬리콥터도 베트콩의 포화를 맞고 추락했습니다. 살아날 길이 없었죠. 그런데 이 친구가 두 발로 일어났습니다. 그러더니 나를 움켜잡고 끌고 갔습니다. 한 발자국 디딜 때마다 가슴에 박힌 수류탄 파편 때문에 신음했습니다. 제가 그에게 '나는 결국 죽을 몸이니, 그냥 놓고 가라.'고 계속 말했습니다. 그런데 이 친구는 '네가 죽으면, 나도 함께 죽는다.'면서 계속 나를 끌고 갔습니다. 자기 혼자 살아남기도 힘든 상황이었는데…. 결국 이 친구가 나를 끌고 정글 밖으로 나왔습니다. 그래서 우리는 구출되었죠. 3년 전, 저는 이 친구에게 간질 증상이 있다는 것을 처음 알게 되었습니다. 나는 총각이어서 미국 집을 팔고, 은행 돈을 찾아서 이 친구를 돌보려고 영국에 왔습니다. 이 친구는 항상 곁에서 돌봐 주어야 할 사람이 필요했기 때문입니다. 그 후로 저는 이 친구와 항상 함께 있습니다."

바클레이가 청년에게 말했다. "나에게 조금도 사과할 필요 없습니다. 두 분의 이야기는 제가 들은 이야기 중 가장 귀하고 아름답습니다." 그러자 그 청년이 이렇게 말했다. "제 친구가 나를 위해 해준 일을 생각한다면, 제가 그를 위해 하지 못할 일이 무엇이겠습니까?"

이 책을 읽는 사랑하는 형제, 자매여, 감동적인 이야기 아닌가? 당신은 예수님께서 해주신 일이 무엇인지 **인식**하고 있는가? 우리를 위해 하늘 영광을 버리시고, 낮고 천한 이 땅에 오셨고, 우리를 위해 대신 생명을 주시고, 처형당하시고, 우리를 구원해 주셨다. 그 **깨달음**을 가지고 있는가? 만약 그렇지 않았다면, 지금 이 순간 예수 그리스도를 당신의 구세주와 주님으로 영접하라. 그리고 결단하라. 이제는 당신도 주님을 위해 살기로 결단하라.

하나님을 아는 길은 지적 탐구에 의해서, 공부에 의해서 얻는 것이 아니다. 오히려 예수 그리스도에게 와야 한다. 예수 그리스도 안에서 우리는 하나님을 볼 수 있다. 예수님을 구주로 영접하고 절대 신뢰함으로 우리는 구원을 얻고, 쉼을 얻는다. 주님께 마음으로 나와 주를 만나시기 바란다.

주님의 멍에를 메고 주님께 배우라

나는 마음이 온유하고 겸손하니 나의 멍에를 메고 내게 배우라 그리하면 너희 마음이 쉼을 얻으리니 (마 11:29)

"나의 멍에를 메고 내게 배우라"고 말씀하신다. "나의 가르침을 받아들이라"고 말씀하시는 것이다. 사람은 단순히 예수님을 믿음으로 구원을 얻는다. 멍에를 멘다는 말은 '복종'을 뜻한다. 즉 "멍에를 메고 배우라"는 말씀은 "예수님 제자, 순종하는 제자가 되라"는 말씀이다. 우리가 해야 할 사명이 있기 때문이다.

주님의 멍에를 메고 주님께 배우면 "너희 마음이 쉼을 얻으리니"라고 말씀하신다. 예수님의 제자가 되면 따르는 결과를 말씀한다. 피곤한 인생이 주님 앞에 옴으로 새로운 원기를 회복하게 된다. 예수님을 믿고 옴으로, 의롭다 함을 얻는 '칭의'(의롭다 칭해짐, 의롭다고 여겨짐)의 쉼을 얻는다. 또한 주님과 함께하면서 얻는 '성화'(거룩해지는 것)의 쉼을 얻는다. '쉼'의 '발견' 혹은 '얻음'은 그리스도께서 주시지 않으면 얻을 수 없다. 주께서 나타내 주셔야 발견이 가능하다.

예수님의 멍에는 쉽고 짐은 가볍다

이는 내 멍에는 쉽고 내 짐은 가벼움이라 하시니라(마 11:30)

'이는' 즉 예수님께서 주시는 사역은 '쉼'을 방해하지 않고, 그 반대로 '쉼'을 돕는 사역이 될 것이기 때문이라는 말씀이다. '멍에'는 나무로 만든 틀이다. 짐을 쉽게 운반하기 위해서 사용하는 도구다. 짐을 지고 갈 경우에, 멍에가 어깨에서 벗겨지지 않도록 잘 조정하여야 하며, 짐도 너무 무겁지 않아야 한다. 멍에가 잘 맞지 않거나, 짐이 너무 무거우면 힘들다.

"내 멍에는 쉽고"라는 말씀은 멍에가 몸에 잘 맞는다는 의미이다. 예수님의 멍에는 당시 바리새인과 서기관들이 사람들에게 지운 율법적 멍에와는 다른 것이라는 뜻이다. '내 멍에는 쉽고'라는 말씀에서 쉽다는 말은 '크레스토스'인데, '몸에 잘 맞는다'는 의미가 있다. 멍에는 양편에 똑같은 비율의 무게를 분배해서 짐을 쉽게 운반하도록 사람이나 동물의 어깨에 놓여진다.

한 전설에 의하면 예수님께서 공적인 일을 하시기 전에 목수의 일을 했는데, 갈릴리에서 제일 좋은 멍에를 만들었다고 한다. 그래서 각 지방에서 많은 사람들이 잘 만든 멍에를 사려고 예수님의 목공소로 모여들었다고 한다. 소가 메는 멍에는 나무로 만드는데, 소를 끌고 가서 치수를 잰다. 그리고 멍에를 지웠다. 즉, 내가(예수님이) 만든 멍에는 몸에 잘 맞는다. 이런 말씀이다.

가장 잘 맞는 멍에는 무엇인가? '온유와 겸손한 마음'이다. 이 마음을 가지라. 그러면 짐을 지는 것이 쉬워진다. 온유한 마음으로 살라. 겸손한 마음으로 살라. 예수님 당시 율법주의가 팽배했다. 많은 율법과 계율을 엄격히 지킴을 통해 구원 얻는다고 강조하는 것이 그 가르침의 특징이었다. 그런데 예수님께서 주시는 멍에는 쉽다. 주님을 신뢰만 하면 된다. 짐도 가볍다. 온유와 겸손을 배우자.

온유와 겸손

1) 온유

온유는 헬라어로 '프라우테스'이다. 온유, 온순, 부드러움, 친절 등을 의미한다. 이 단어는 부유하고 거만한 자들이 세속적 힘을 믿고 하나님께 도전하고, 약한 사람을 압제하는 태도와 반대되는 경건한 사람들의 태도를 의미한다. 무엇보다 예수 그리스도의 '성품'으로 묘사된다.

온유는 첫째 '하나님께 전적으로 의지하는 태도'를 묘사하고, 둘째, 하나님께 의지하는 자가 '타인에게 보이는 태도'를 묘사하는 데 사용된다. 하나님께 반역하고, 타인에게 무례한 자들과 달리 예수님께서는 아버지 하나님을 전적으로 의지하셨고, 약자를 압제하지 않으셨다. 내면적 자세의 온유를 영어로 'meekness', 사람을 향한 온유를 흔히 'gentleness'로 표현한다. 신사의 품성. 약한 타인을 예의 바르게 대하는 따뜻한 마음을 뜻한다. 온유함은 참으로 기독교적인 품성이다. 예수님의 성품이기에 그렇다.

참고로 철학자 아리스토텔레스는 온유함을 '성급함'과 '게으름'의 중간에 위치한다고 설명했다. 온유함의 가치는 마음의 평정을 유지할 수 있는 것이라고 표현했다.

성경 신구약에 나오는 '온유'와 관련된 주요한 구절들을 잠깐 생각해 보자.

(1) 말씀을 대하는 자세

우리는 말씀을 온유함으로 받아야 한다고 성경은 가르치신다. 야고보서 1장 21절은 말씀한다.

> 그러므로 모든 더러운 것과 넘치는 악을 내버리고 너희 영혼을 능히 구원할 바 마음에 심어진 **말씀을 온유함으로 받으라**

온유한 자는 하나님께서 지도하고 가르치신다고 말씀한다. 시편 25편 9절은 말씀한다. "온유한 자를 정의로 지도하심이여 온유한 자에게 그의 도를 가르치시리로다" 또한 온유한 자는 하나님께서 구원하신다고 말씀한다. 시편 76편 9절은 말씀한다. "곧 하나님이 땅의 모든 온유한 자를 구원하시려고 심판하러 일어나신 때에로다" 말씀을 받을 때, 온유함으로 받으라. 그러면 하나님께서 구원해 주시고, 지도해 주신다.

(2) 온유한 자는 복이 있다

온유한 자는 복이 있어서 땅을 차지한다고 말씀한다. 시편 37편 11절에서 말씀한다. "그러나 온유한 자들은 땅을 차지하며 풍성한 화평으로 즐거워하리로다" 미래 보장과 화평 충만을 말씀한다. 마태복음 5장 5절에서도 말씀한다. "온유한 자는 복이 있나니 그들이 땅을 기업으로 받을 것임이요" 역시 미래 보장의 복을 말씀한다.

(3) 형제를 향하여

사랑은 온유하다고 말씀한다. 고린도전서 13장 4절에서 말씀한다. "사랑은 오래 참고 사랑은 온유하며…"

형제가 잘못했을 때, 온유한 심정으로 바로잡아야 한다. 갈라디아서 6장 1절에서 말씀한다. "형제들아 사람이 만일 무슨 범죄한 일이 드러나거든 신령한 너희는 온유한 심령으로 그러한 자를 바로잡고 너 자신을 살펴보아 너도 시험을 받을까 두려워하라"

(4) 전도할 때도 온유함으로

전도를 할 때 온유함으로 해야 한다. 베드로전서 3장 15절에서 말씀한다. "너희 마음에 그리스도를 주로 삼아 거룩하게 하고 너희 속에 있는 소망에 관한 이유를 묻는 자에게는 대답할 것을 항상 준비하되 온유와 두려움으로 하고"

2) 겸손

겸손은 헬라어로 '타페이노스'이다. 겸손, 비천, 낮음을 뜻한다. 이 단
어는 자신을 낮춤 혹은 고난의 상태를 의미한다. 하나님과 사람에 대해
서 취하는 독특한 행동양식을 뜻한다. 교만, 거만, 폭력과 반대되는 개
념이다. 이것은 외부 사람들을 향한 행동에서 나타나는 '태도'를 의미한
다.

하나님께서는 어떤 사람이든 겸손하기를 원하신다. 왕이었던 사울
왕도 처음에는 겸손했다. 왕이라도 겸손하기를 원하시는 것이 하나님의
뜻이다. 따라서 그리스도인은 겸손해야 한다. 자기 특권을 자랑하지 않
는 것이 겸손이다. 성경에 나오는 '겸손'과 관련된 말씀들을 잠깐 생각해
보자.

(1) 겸손하면 은혜를 입는다

시편 147편 6절에서 말씀한다. "여호와께서 겸손한 자들은 붙드시고
악인들은 땅에 엎드러뜨리시는도다" 또한 잠언 3장 34절에서 말씀한
다. "진실로 그는 거만한 자를 비웃으시며 겸손한 자에게 은혜를 베푸시
나니" 겸손하라. 하나님의 은혜를 입는다.

(2) 겸손해야 하나님께서 함께하시고 소생시켜 주신다

이사야 57장 15절에서 말씀한다. "지극히 존귀하며 영원히 거하시며 거룩하다 이름하는 이가 이와 같이 말씀하시되 내가 높고 거룩한 곳에 있으며 또한 통회하고 마음이 겸손한 자와 함께 있나니 이는 겸손한 자의 영을 소생시키며 통회하는 자의 마음을 소생시키려 함이라" 겸손하라. 하나님께서 함께하시고 당신의 영을 소생시켜 주신다.

(3) 겸손하면 영예와 존귀를 얻는다

잠언 29장 23절에서 말씀한다. "사람이 교만하면 낮아지게 되겠고 마음이 겸손하면 영예를 얻으리라" 잠언 18장 12절에서도 말씀한다. "사람의 마음의 교만은 멸망의 선봉이요 겸손은 존귀의 길잡이니라" 겸손하면 영예를 얻고, 존귀의 길로 인도함 받는다.

(4) 겸손하면 소원을 이룬다

시편 10편 17절에서 말씀한다. "여호와여 주는 겸손한 자의 소원을 들으셨사오니 그들의 마음을 준비하시며 귀를 기울여 들으시고" 하나님께서는 겸손한 자의 소원을 들어주신다.

(5) 겸손하면 높아진다

베드로전서 5장 6절에서 말씀한다. "그러므로 하나님의 능하신 손 아래에서 겸손하라 때가 되면 너희를 높이시리라" 하나님 앞에서 겸손하면 때가 되면 하나님께서 높여 주신다.

(6) 겸손하면 기쁨과 만족을 얻는다

이사야 29장 19절에서 말씀한다. "겸손한 자에게 여호와로 말미암아 기쁨이 더하겠고 사람 중 가난한 자가 이스라엘의 거룩하신 이로 말미암아 즐거워하리니" 또한 시편 22편 26절에서 말씀한다. "겸손한 자는 먹고 배부를 것이며 여호와를 찾는 자는 그를 찬송할 것이라 너희 마음은 영원히 살지어다" 겸손하면 기쁨과 만족을 얻게 된다.

(7) 겸손하면 보상을 받는다

잠언 22장 4절에서 말씀한다. "겸손과 여호와를 경외함의 보상은 재물과 영광과 생명이니라" 겸손하면 하나님께서 재물과 영광과 생명을 보상으로 주신다.

이 책을 읽는 사랑하는 형제, 자매여, 예수님의 마음을 본받아 온유하고 겸손한 마음을 갖자.

골로새서 3장 12절에서 말씀한다. "그러므로 너희는 하나님이 택하사 거룩하고 사랑 받는 자처럼 긍휼과 자비와 겸손과 온유와 오래 참음을 옷 입고" 우리는 온유와 겸손으로 옷 입어야 한다.

예수님께서 "내 짐은 가벼움이라"고 말씀하셨다. 주님께서는 우리가 감당할 만한 사명을 주신다. 주님께서 합당한 것을 주신다.

어떤 사람이 작은 소년을 만났다. 그 소년은 다리를 저는 자기보다 더 작은 소년 하나를 등에 업고 가고 있었다. 그래서 소년에게 물었다. "업고 가려니 퍽 무겁겠구나." 그런데 그 어린아이가 이렇게 답했다고 한다. "아니요. 무겁지 않아요. 이 아이는 제 꼬마 동생인걸요." '어떤 마음을 가지느냐'는 것은 환경에 대한 이해를 다르게 만든다.

내게 두 아들이 있다. 큰아들이 네 살쯤 됐을 때, 동생을 낳아 달라고 했다. 조금 터울이 생겼지만, 동생이 태어났다. 동생을 데리고 퇴원해서 집에 왔더니 동생을 안게 해달라고 한다. 네 살 반 정도 차이가 나지만, 갓난아이를 안는 것은 좀 위험하지 않을까 걱정이 되었다. 그래도 정말 원하는 것 같아서 자리에 앉아 두 팔로 잘 안고 있으라고 하면서 넘겨주었다. 신기한 것은 아이를 잘 안고 있는데, 5분, 10분, 20분, 30분이 넘도록 꼼짝하지 않고 안고 있었다. 그리고 동생도 신기하게, 조금도 보채지 않고 그대로 안겨 있었다. 사랑은 짐을 가볍게 느끼게 해준다. 감당할 수 있는 힘이 된다. 미워하는 사람 것은 책 하나 들어 주는 것도 힘들다. 그러나 사랑하는 사람의 짐은 들어 줘도 기분이 좋다.

경마하는 것을 보면 말들이 참 빨리 달린다. 그런데 혼자 달리는 것과 사람을 태우고 달리는 것은 차이가 나지 않을까? 당연히 상식적으로 짐 없이 혼자 달리는 것이 누군가를 태우고 달리는 것보다 덜 힘들고 빠르지 않을까? 그런데 그렇지 않다고 한다. 앞 장에 나눈 것처럼, 자기와 잘 맞는(어울리는) 좋은 사람을 만남이 중요하다. 말이 기수와 함께 달리면, 혼자 달릴 때보다 더 빨리 달린다고 한다. 신기하지 않은가? 우리는 흔히 '여자는 약하다. 그러나 어머니는 강하다'는 말도 한다. 무슨 말인가? 내가 사랑하는 존재와 함께하면, 오히려 "힘"이 생긴다. 그래서 더 큰일을 한다.

우리 주님께서 지친 사람들을 초청하신다. 당신의 마음은 어떤가? 고생의 짐으로 힘든가? 아니면 쉼을 얻었는가? 예수님의 멍에를 메고 주님께 배우라고 말씀하신다. 주님의 가르침을 받아들여야 한다. 그러면 고생의 짐을 벗고, 마음의 쉼을 얻게 된다.

예수님 멍에의 핵심은 무엇인가? 바로 온유와 겸손이다. 온유가 멍에이고 겸손이 짐이라고 할 수도 있지 않을까?

이 책을 읽는 사랑하는 형제, 자매여, 온유한 마음으로 겸손하게 살자. 그러면 마음의 쉼을 얻는다.

8장

중심

자기중심으로 살지 말고,
자기를 부인하고
자기 십자가를 지고
예수님을 따르라

중심

자기중심으로 살지 말고,
자기를 부인하고
자기 십자가를 지고 예수님을 따르라

오래전 미국에서 한국 선교사역을 위해 거금을 헌금한 어떤 부인이 있었다. 50만 불, 그러니까 5억이 넘는 돈을 헌금한 것이다. 후에 그 부인이 한국을 방문하게 되어 선교단체에서 마중을 나갔다. 그리고 일류 호텔로 모시려 했는데, 극구 사양하고 수수한 호텔로 가자고 한다. 그래서 부탁대로 하고 이번엔 식사를 위해 고급 음식점으로 모셨는데, 이렇게 비싼 곳 말고 보통 음식을 먹자고 한다. 할 수 없이 그렇게 했다. 선교단체의 책임자가 조금 서운해서 "왜 저희 성의를 마다하십니까?" 하고 물었다. 그러자 미안하다고 하면서 부유해서 헌금을 한 것이 아니라고 말한다. 자기는 평생 재봉틀로 옷 만드는 일을 했는데, 그 돈을 모아서 하나님의 일을 위해 헌금했다는 것이다. 성실하게 일하고, 저금하여 모은 돈으로 선한 일을 한 것이다.

예수님의 제자가 되려면 "자기 십자가를 지고" 예수님을 따라야 한다. 이것을 예수님께서 여러 번 강조하셨다. 우리는 누가복음 14장에서 예수님께서 많은 사람들과 함께 가다가 그 사실을 말씀하셨다는 사실을 알게 된다.

> 수많은 무리가 함께 갈새 예수께서 돌이키사 이르시되 무릇 내게 오는 자가 자기 부모와 처자와 형제와 자매와 더욱이 자기 목숨까지 미워하지 아니하면 능히 내 제자가 되지 못하고 누구든지 자기 십자가를 지고 나를 따르지 않는 자도 능히 내 제자가 되지 못하리라(눅 14:25-27)

그러면서 망대를 세울 비용 계산을 해야 된다고 하시고, 전쟁을 위해 싸워 이길 수 있는지 계산해야 한다고 하시면서 이렇게 말씀하셨다.

> 이와 같이 너희 중의 누구든지 자기의 모든 소유를 버리지 아니하면 능히 내 제자가 되지 못하리라(눅 14:33)

비슷한 말씀을 마태복음 10장에서도 하신다. 열두 사도를 파송하시면서 하신 말씀이다.

"아버지나 어머니를 나보다 더 사랑하는 자는 내게 합당하지 아니하고 아들이나 딸을 나보다 더 사랑하는 자도 내게 합당하지 아니하며 또 자기 십자가를 지고 나를 따르지 않는 자도 내게 합당하지 아니하니라"(마 10:37-38) 그러면서 이렇게 말씀하셨다. "자기 목숨을 얻는 자는 잃을 것이요 나를 위하여 자기 목숨을 잃는 자는 얻으리라"(마 10:39) 거의 비슷한 말씀이다.

그리고 후에 가장 유명한 제자 베드로와 열두 사도에게 하신 말씀도 비슷하다. 이 말씀을 보자. 예수님께서 십자가에서 죽으실 것을 말씀하시자, 베드로가 예수님을 붙들고 항변하면서 그렇게 하지 말라고 한다. 그러자 예수님께서 베드로에게 "사탄아 내 뒤로 물러가라 너는 나를 넘어지게 하는 자로다 네가 하나님의 일을 생각하지 아니하고 도리어 사람의 일을 생각하는도다"(마 16:23) 하시면서 하시는 말씀이다. "이에 예수께서 제자들에게 이르시되 누구든지 나를 따라오려거든 자기를 부인하고 자기 십자가를 지고 나를 따를 것이니라"(마 16:24)

이 말씀이 가장 요약된 말씀이기에 이 말씀을 중심으로 **이미 제자 된 자에게 다시금 말씀하시는 제자도**에 대해서 생각해 보려고 한다. 제자가 아닌 사람을 부르실 때와 이미 제자인 사람에게 제자도를 말씀하시는 것, 그것도 뽑히고 뽑힌 사람 가운데 최고의 정예들에게 다시 하신 말씀이므로, 아주 정제된 말씀이다.

여기서 이미 따르는 제자에게 요청이 되는 세 가지 제자의 자세를 살펴보자.

처음 제자로 부름 받는 이야기는 이미 앞에서 다루었다. 오늘 이 말씀은 이미 제자인 사람, 이미 정예로 뽑힌 사람들에게 더 온전함을 위해서 주시는 말씀으로 이해하기를 바란다.

제자에게 가르치시는 세 가지 제자의 자세

1) 자기 부인

제자에게 가르치신 세 가지 제자의 자세 중 첫째는 '자기 부인'이다. '자기중심이냐? 자기 부인이냐?'가 온전한 제가인가를 측정하는 중요한 첫 기준이 된다. 우리 중심에 예수님을 주님으로 모셔야 참된 제자다. 마태복음 16장 24절 초반에서 "이에 예수께서 제자들에게 이르시되 누구든지 나를 따라오려거든 자기를 부인하고"라고 말씀하신다. 자기중심의 삶을 포기하고, 자기를 부인해야 예수님을 따르는 제자가 될 수 있다. 자기를 부인한다는 것은 삶의 순간순간 '자기를 부정'하고 '하나님을 긍정하는' 것이다. 자기 부인은 '하나님 중심으로 사는 것'이다. 예수님을 마음 중심에 주님으로 모셔야 한다.

자기 부인은 세 가지 차원에서 생각할 수 있다.

(1) 옛사람을 부인하라 – 구습을 버리라

첫째, 기본적으로 자기를 부인한다는 것은 중생(거듭남)하기 전의 옛사람을 부인하는 것을 뜻한다. 구습을 버리는 것을 말한다. 믿기 전의 모든 세속적인 것을 끊을 수 있어야 한다. 그래야 제자다. 과거의 구습에 젖어서 산다면, 제자라고 할 수 없다. 세속적인 구습을 모두 버려라. 그래야 제자다.

(2) 가족 사랑을 극복하라

자기 부인과 관련해서 생각할 두 번째 것이 있다. 가족 사랑을 극복하는 것이다. 우리 삶에는 잘못된 것이 아니고, 옳지만 제자의 삶에 장애가 되는 것도 있다. 마태복음 10장 37절에서 예수님께서 말씀하셨다. "아버지나 어머니를 나보다 더 사랑하는 자는 내게 합당하지 아니하고 아들이나 딸을 나보다 더 사랑하는 자도 내게 합당하지 아니하며…" 많은 사람에게 제자로서의 삶에 장애가 되는 것이 있는데 그것은 지나친 "가족 사랑"이다. 가족을 사랑해야 한다. 그런데 예수님 섬김 앞에서 이것을 극복하라. 그러지 않으면, 주님의 제자로서 합당하지 않다. 가족 사랑은 악한 것이 아니다. 오히려 선한 의무다. 그러나 제자의 삶에서는 이 또한 극복해야 할 과제다.

예수 그리스도에게 속하는 것은 가장 큰 특권이다. 따라서 어떤 관계도 그보다 앞설 수 없다. 어떤 의무도 그보다 앞설 수 없다. 대제사장과 공회 앞에서 베드로와 사도들이 담대하게 답했다. 사도행전 5장 29절에 보면 이렇게 말한다. "사람보다 하나님께 순종하는 것이 마땅하니라"

만약 선택이 "아버지, 어머니냐? 아니면 예수 그리스도냐?"가 될 때, 부모 사랑이 아니라, 예수 사랑이 더 커야 한다. "아들, 딸이냐? 아니면 예수 그리스도냐?"가 될 때, 자녀 사랑이 아니라, 예수 사랑이 더 커야 한다. 그렇지 않아도 된다고 생각한다면, 당신은 예수님의 제자가 될 수 없다. 제자 훈련 수료해도 소용없다. 당신은 제자가 아니다.

이 책을 읽는 사랑하는 형제, 자매여, 주님의 제자답게 살자. 가족 사랑을 극복하라. 그래야 제자다. 주님에 대한 절대 충성, 절대 사랑이 있어야 제자다. 주님 사역을 위해 전적 희생을 해야 하는 것이다.

(3) 자기중심적 판단을 극복하라

자기 부인을 한다는 것의 세 번째 측면이 있다. 그것은 자기 판단을 극복하는 것이다. 즉, 자기중심적 판단을 극복해야 한다. 마태복음 16장에서 예수님께서 실제로 잡히시고 십자가에서 죽으실 것을 말씀하셨다. 그때 베드로가 말렸다. 그의 판단으로 선한 것이다. 결코 악한 의도는 아니다. 예수님을 위해서 표현한 의견이다. 그러나 예수님께서 말씀하셨다.

> 사탄아 내 뒤로 물러가라 너는 나를 넘어지게 하는 자로다 네가 하나님의 일을 생각하지 아니하고 도리어 사람의 일을 생각하는도다(마 16:23)

그러면서 말씀하셨다.

> 이에 예수께서 제자들에게 이르시되 누구든지 나를 따라오려거든 자기를 부인하고 자기 십자가를 지고 나를 따를 것이니라(마 16:24)

여기서 "자기를 부인하고"라고 말씀하시는데, 즉, 자기 판단을 포기하라는 것이다. 설사 좋은 의도라 할지라도…. 그래야 제자다.

다시 정리해서 말씀드린다. 자기 부인을 해야 하는데, 그것은 옛사람을 버리는 것, 구습을 버리는 것, 그리고 가족 사랑을 뛰어넘는 것, 그리고 자기 판단을 포기하는 것이다.

이 책을 읽는 사랑하는 형제, 자매여, 제대로 된 제자가 되기 위해 '자기 부인'을 하는 사람들이 되자.

오래전 어느 시골 교회에서 교회를 건축했다고 한다. 거의 다 짓기는

했는데, 마루를 깔 돈이 없었다. 성도들과도 의논했지만 별 도리가 없는 상태였다. 그렇게 대책 없는 시간들이 흐르고 수요일 저녁 설교 준비를 하고 있던 때였다. 목사님 마음에 '오늘 헌금 시간을 가지라'는 감동이 있었다. 헌금은 주일 아침 예배 시간에만 했고, 수요일은 한 번도 한 적이 없었는데 그런 감동이 생긴 것이다. 그래서 그냥 보통 수요 예배처럼 진행하고 헌금 시간은 가지지 않았다. 성경을 읽고 설교를 시작했는데, 몇 마디 하다가 갑자기 말이 나오지 않았다. 아무래도 하나님께서 헌금 시간을 가지라고 했는데 불순종해서 그렇다는 생각이 들어 회개하는 마음으로 헌금 시간을 갖겠다고 말했더니 혀가 풀리면서 괜찮아졌다.

예배 후, 헌금을 계수해 보았더니 상당한 돈이 들어 있었는데, 당시 큰돈이었던 27만 5천 원을 드린 헌금봉투가 있었다. 그런데 알고 보니, 목사님 아들이 낸 헌금이었다. 대학입학금으로 아버지가 준 등록금이었던 것이다. 수요 예배가 있던 그날 저녁 목사님 아들에게 등록금을 낼 마음이 생겼고, 거기에 순종했다.

바로 이것이 자기 부인인 것이다. 하나님 나라와 의를 먼저 구했다. 그렇게 비로소 교회는 건축이 완성되었다.

아들은 그해에 대학 가는 것을 포기하고 한 해 늦춰서 지원했다. 그런데 감사한 것은, 그다음 해에 한국 최고의 대학에 합격했다는 것이다. 뿐만 아니라 장학금까지 받게 되었다. 제자는 자기를 부인한다. 그런데 보상을 받는다. 참된 제자가 되라.

2) 자기 십자가를 지라

예수님께서 제자에게 가르치신 세 가지 제자의 자세 중 둘째는 "자기 십자가를 지는 것"이다. 예수님께서 말씀하셨다.

> 이에 예수께서 제자들에게 이르시되 누구든지 나를 따라오려거든 자기를 부
> 인하고 자기 십자가를 지고 나를 따를 것이니라(마 16:24)

자기 십자가를 지는 것은 주님의 뜻을 절대적으로 순종하는 것을 의미한다. 어떤 희생도 감내하는 것을 말한다. 십자가는 수치와 핍박의 상징이다. 예수 그리스도의 제자가 되려면 주님을 위해 어떤 수치와 핍박도 감내할 수 있어야 한다. 자기 십자가를 지는 것은 "희생의 짐"을 감당하는 것이다.

17세기 영국 국교회에서 분리되어서 나온 퀘이커 교도(개신교의 한 분파)들을 이끌었던 죠지 폭스(George Fox)가 있다. 그가 스케보로 성에서 재판이 끝난 후 기록한 글에 이렇게 적혀 있다. "관리들은 종종 나를 성벽에서 죽이겠다고 위협했다. 그들은 언제나 교수형에 대해서 말했으나 나는 거기서 그들에게 말했다. 목 매어 다는 것이 당신들의 소원이라면 그

것이 허락된다면 원대로 하라. **나는 언제나 마음의 준비가 되어 있다.**"
이런 것을 자기 십자가를 지는 것이라고 하는 것이다.

제자는 자기 생각대로 사는 자가 아니고, 예수 그리스도께서 원하시는 것을 하는 사람이다.

십자가를 지는 것은 사도 바울의 갈라디아서 2장 20절의 고백에 잘 반영된다.

> 내가 그리스도와 함께 십자가에 못 박혔나니 그런즉 이제는 내가 사는 것이 아니요 오직 내 안에 그리스도께서 사시는 것이라 이제 내가 육체 가운데 사는 것은 나를 사랑하사 나를 위하여 자기 자신을 버리신 하나님의 아들을 믿는 믿음 안에서 사는 것이라

자기 십자가는 예수 그리스도와 함께 하나가 된 까닭에 지게 되는 십자가를 말한다.

오래전 미국의 한 교회에 부자 장로님이 있었다. 하루는 목사님을 찾아와서 혼자서 아이 다섯 명을 키우는 한 과부 집사님 이야기를 한다. 그분이 혼자 살면서 아이 다섯을 키우느라 힘든데, 주일마다 꼬박꼬박 일정 금액을 헌금한다는 것이다. 많지 않지만 그분에게는 적지 않은 돈이라고 하면서, 자기가 그 여 집사님 몫까지 헌금을 할 테니 그 집사님

은 헌금하시지 말라고 전해 달라고 했다. 이 장로님은 평상시 여 집사님이 내는 헌금의 40배를 하는 사람이었다. 따라서 그 정도의 부담은 어렵지 않았다.

목사님이 그 말을 듣고 여 집사님을 불러서 앞으로 장로님이 헌금을 대신 내 주실 테니 헌금하지 않으셔도 된다고 했다. 그런데 이 여 집사님이 듣고는 슬프게 울면서 말한다. "제가 비록 남의 집 빨래 해가면서 고생스럽게 살지만, 하나님께 헌금을 바칠 때면 말할 수 없이 기쁩니다. 그런데 왜 제 기쁨을 빼앗으려고 하십니까?" 목사님이 사과하고, 장로님도 계획을 철회할 수밖에 없었다.

이 책을 읽는 사랑하는 형제, 자매여, 자기 십자가를 달게 지는 것, 그것이 제자다. 우리도 우리 몫의 십자가를 달게 지자.

3) 예수님을 따르라

제자에게 가르치신 세 가지 제자의 자세 중 셋째는 "예수님을 따르는 것"이다. 예수님께서 말씀하셨다. "이에 예수께서 제자들에게 이르시되 누구든지 나를 따라오려거든 자기를 부인하고 자기 십자가를 지고 **나를 따를 것이니라**"(마 16:24) 제자는 예수님을 뒤에서 따라가야 한다.

베드로전서 2장 21절에서 잘 설명한다.

이를 위하여 너희가 부르심을 받았으니 그리스도도 너희를 위하여 고난을
받으사 너희에게 본을 끼쳐 그 자취를 따라오게 하려 하셨느니라

예수 그리스도를 따르는 것은 그분의 본을 받아, 그분의 자취를 따라
가는 것이다. 영어 성경에서 "leaving you an example, that you should
follow in his steps"(모범을 남겨서, 너희가 그 분의 발자취를 따라오게 하려는 것). 이라
고 표현한다. 마치 봉제 공장에서 옷을 만들 때, 한 벌을 만들어서 보여
준다. 그리고 그것과 같게 만들라고 지시하면, 그렇게 만들어야 하는 것
과 같다. 그래야 같은 제품을 생산하는 것이다. 그리스도의 제자가 되는
것은 주님의 본을 따라, 그분의 발걸음을 따라 사는 것이다.

'따라 하기 게임'을 아는가? 대표가 하는 행동을 그대로 따라 하는 게
임이다. 행동이 아무리 힘들어도, 아무리 괴상해도 따라 하는 놀이다.
그 행동을 그대로 모방해서 따라 해야 한다. 제자들을 나중에 그리스도
인이라고 불렀다. 예수 그리스도를 닮은 사람들이라는 뜻이다. 우리의
생각, 우리의 말, 우리의 행동이 예수님같이 되어야 한다. 생각도 따라
가고, 말도 따라가고, 행동도 따라가라. 그래야 제자다.

하나님의 섭리로 내가 대학 시절 성악을 공부했는데, 누구의 제자라
고 할 때, 그분의 발성(소리 내는 방법)을 본 따서 불러야 제자다. 서는 자
세, 숨 쉬는 방법, 소리 내는 방식, 표정까지 다 따라 한다. 다른 방식으

로 하면, 제자라고 할 수 없다. 우리는 예수님의 제자다. 다른 방식으로 소리를 내면 안 된다. 주님과 같은 방식으로 소리를 내야 한다. 그래야 제자다.

미국에 한 소년(Ryan White)이 있었다. 13살에 병(혈우병)을 앓아서 수술을 받았는데, 수혈이 잘못되어서 불치병(AIDS)이 생겼다. 그런데 아무도 원망하지 않고 밝게 학교생활을 했다. 부모님도 위로하면서…. 당시 대통령(레이건)도 관심을 보이고, 많은 사람들이 위로하고 관심을 보였다. 그러나 결국 5년 후, 18살에 죽었다. 죽기 전에 그 소년의 아버지와 나눈 대화가 이러했다고 한다. "아들아 미안하다. 이제 너를 위해서 해줄 것이 없구나. 미안하다." 그러자 아들이 말했다. "아버지, 전 지금까지 많은 선물을 받았어요. 하지만 아버지 같은 선물을 준 사람은 없었어요. 아버지는 저에게 죽어서도 천국에 갈 수 있는 티켓을 선물로 주셨잖아요. 예수님을 소개해 주셨어요. 아버지 덕분에 교회 나가서 예수님 믿고, 영생을 선물로 얻었어요. 이보다 더 크고 위대한 선물은 없을 거예요."

이 책을 읽는 사랑하는 형제, 자매여, 제자가 된다는 것은 우리가 사랑하는 사람에게 해로운 것이 아니다. 예수님을 따라가는 사람은 '복음'(좋은 소식)을 전한다. 영생을 선물한다. 따라서 우리가 사랑하는 사람들이 복음을 받고 영생을 선물 받게 된다. 우리의 길은 고난의 길이지만, 생명의 길이다. 주님을 따르자. 복음(좋은 소식)을 전하고 생명을 주는 길을 걸어가자.

주님을 따라가는 것은 '모험의 길'이다. 주님은 모험자이시다. 제자의 삶은 안전제일주의가 아니다. 모험의 길이다. 그런데 그 십자가 뒤에는 '부활의 영광'이 기다리고 있다. 주님께서 우리를 절벽에 세우시고 명령하신다. "절벽에서 점프하라." 그리고 떨어지고 끝나는 것이 아니라, Jump & Fly. 점프해서 날아라. 믿음의 날개로 날아오르라. 바로 이것이 제자의 삶이다. 모험의 길. 십자가의 길. 그런데 그 끝은 부활의 영광이다.

베드로가 예수님께 "보소서 우리가 모든 것을 버리고 주를 따랐나이다"라고 하자 예수님께서 이렇게 답하셨다.

> 예수께서 이르시되 내가 진실로 너희에게 이르노니 나와 복음을 위하여 집이나 형제나 자매나 어머니나 아버지나 자식이나 전토를 버린 자는 현세에 있어 집과 형제와 자매와 어머니와 자식과 전토를 **백 배나 받되** 박해를 겸하여 받고 **내세에 영생을 받지 못할 자가 없느니라**(막 10:29-30)

우리 주님께서 내세에 영생을 받고, 현세에서도 백배나 보상받게 될 것이라고 말씀하셨다. 단지 이런 말씀을 더하셨다. "그러나 먼저 된 자로서 나중 되고 나중 된 자로서 먼저 될 자가 많으니라"(막 10:31) 과거에 이룬 것으로 안주하지 말라. 계속 주님을 따라가라. 모험하라.

한 가지 이야기를 하고 이번 장을 마치겠다.

구세군에서 역사상 가장 중요한 지도자 중 한 명은 사무엘 브랭글 목사님이다. 미국에서 보스턴신학교를 졸업하고, 미국에서 가장 큰 감리교회들에서 청빙이 왔으나 구세군 활동에 관심을 갖고, 영국으로 갔다. 구세군 창시자 윌리엄 부스는 이분을 위험한 사람이라고 봤다. 제자의 기본인 자기 부인이 될지 우려되었던 것이다. 그래서 그에게 처음 맡긴 일이 다른 훈련생의 군화를 닦는 일이었다. 브랭글은 사실 기분이 나빴다. "내가 군화나 닦으려고 대서양을 건너왔단 말인가?" 그런데 어느 날 환상 중에 예수님께서 어부들의 발 위로 허리를 굽히시는 모습을 보았다. 주님께서 제자들의 발을 씻기시는 장면이었다. 그것을 보고 그는 크게 깨달았다. 그가 말했다. "주님께서는 그들의 발을 씻기셨습니다. 저는 그들의 구두를 닦겠습니다." 결국 그는 훈련받은 후 다시 미국으로 파송 받고, 미국 구세군의 최고 지도자로 남게 되었다.

이 책을 읽는 사랑하는 형제, 자매여, 자기중심으로 살지 말라. 자기를 부인하라. 예수님을 중심에 모시라. 그리고 자기 십자가를 지고 예수 그리스도를 따르라. 그러면 이후, 부활의 영광과 보상과 천국의 영생을 모두 얻게 될 것이다.

하나님께서 당신을 축복하시기를 빈다. 말씀을 따라 삶으로 축복받는 우리가 되기를 바란다.

9장

반응

불평하지 말고 감사하라
그러면 기적이 일어난다

9장

반응

불평하지 말고 감사하라
그러면 기적이 일어난다

어떤 미국 사람이 사업을 하다가 망했다. 그래서 비관하고 삶을 저주하고 가족을 괴롭히고 하나님을 비방했다. 그렇게 계속 원망, 불평하다가 과도한 스트레스로 갑자기 병이 들었고 몸을 전혀 쓸 수 없게 되었다. 전신이 마비된 것이다. 삼 년간 몸을 제대로 못쓰고 누워 있었다. 그러던 어느 날, 아들 부부가 찾아와서 세 살 된 손녀를 맡겨 놓고 물건을 사러 나갔다. 그런데, 손녀딸이 수영장으로 다가가기 시작했다. 가지 말라고 해도 계속 가더니 그만 물에 빠져 버려 허우적거리기 시작했다. 집에는 아무도 없었기 때문에 도움을 줄 수 없었다. 그래서 너무 급한 나머지 간절한 마음으로 기도를 하기 시작했다.

"God, help me."(하나님 나를 도와주세요.) 그러면서 못쓰던 몸을 움직여 수영장으로 가서 손녀를 건졌다. 그러고는 너무도 감사해서 "Thank God. Thank God."(하나님 감사합니다. 하나님 감사합니다.)를 연발했다. 놀라운 것은 그러면서 그의 병이 깨끗이 나았다. 다시 건강을 찾은 것이다. 원망하다가 몸이 마비되었고, 감사하다가 몸의 마비가 풀렸다. 원망은 저주를 가져오고 마비를 가져온다. 그러나 감사는 축복을 가져온다. 감사하는 사람이 되자.

하나님께서는 우리를 사랑하신다. 우리에게 놀라운 계획, 풍성한 계획을 가지고 계시다. 그런데 우리는 그것을 잘 깨닫지 못한다. '의심'이 있고, '불평'이 있기 때문이다. 당신은 불평을 잘 하는가, 감사를 잘 하는가?

이 장에서는 우리의 모습이 어떤지 불평과 감사의 차원에서 한번 생각해 보고자 한다. 제자에게도 이것이 중요하다. 혹시 불평을 잘 하면, 그 습관을 버려라. 그리고 감사하라. 그러면서 당신의 몸과 인생이 풀리게 되기를 바란다.

감사에 대한 세 가지 자세가 있다.

첫째, 감사하지 않는 사람들이 있다. 항상 불평, 불만인 사람들이 있다.

둘째, 조건적인 감사의 사람이 있다. 훨씬 낫다. 적어도 감사할 일이 있으면 감사한다.

셋째, 범사에 감사하는 사람이 있다. 조건을 뛰어넘는 감사를 한다. 성경적인 감사 생활이다.

우리 모두 감사하는 사람이 되자. 특별히 범사에 감사하는 사람이 되자.

노아의 감사

성경에 가장 대표적인 첫 감사는 창세기 8장에 나오는 노아의 감사다. 그는 범사에 감사하는 사람이었다.

노아는 온 세상을 멸망시키는 홍수가 지나고 나서 하나님께 감사의 번제를 드렸다. 그는 모든 정결한 짐승과 모든 정결한 새 중에서 번제로 하나님께 드렸다. 하나님이 좋아하실 것을 드렸다. 하나님 마음을 안 것이다. 또한 노아는 소위 '없는 중에' 감사를 드렸다. 1년 동안 소모만 했다. 홍수로 농사를 짓지 못했고, 경제적 손실만 있었다. 그렇지만, 모든 정결한 짐승 중에서 다 드렸다. 최선을 다한 감사였다. 그는 추수한 것이 많아서 드리는 감사가 아니라, 생명이 있음에 감사드린 것이다. 그리고 아무런 조건 없이 감사를 드렸다.

그러자 기적과 같은 무지개 언약이 주어졌다. 이것은 매우 중요한 언약이다. 그의 평생과 그의 후손의 미래에 앞으로 지난번 겪은 그런 고난을 다시는 겪지 않을 거라는 '약속'을 받았다. 고난을 면하는 약속.

이런 축복을 받기 원하는가? 그렇다면, 노아의 감사를 배우라. 노아의 감사는 기적을 불러왔다.

독일에 마티 바덴(Marty Baden)이라는 정치가가 있었다. 젊은 시절 고생을 많이 했는데, 한번은 지방에 여행을 갔다가 돈이 없어서 값싼 여관에서 잠을 잤다. 그런데, 아침에 깨어 보니 구두가 없어졌다. 도둑맞은 것이다. 화가 잔뜩 나서 욕을 하면서 하나님도 원망했다. "왜 나같이 가난한 사람의 신발을 훔쳐 가도록 하시는가?" 하면서 말이다. 그때 친구가 헌 신발을 빌려 주면서 교회에 가자고 했다. 마침 주일이었기 때문이다. 아주 상한 기분으로 교회에 가서 앉아 있었는데, 한 사람이 눈에 띄었다. 보니까 두 다리가 없다. 그런데도 그 사람은 눈물을 흘리며 찬송을 하고, 눈물을 흘리며 감사 기도를 하고 있었다. 그것을 보면서 젊은 정치가 마티 바덴은 마음에 부끄러움을 느꼈다. "저 사람은 신발을 잃은 정도가 아니라, 두 다리를 전부 잃어서 신발이 있어도 신을 수 없다. 나는 신발만 잃어버렸으니 신발이야 또 사서 신으면 된다. 그런데, 이토록 남을 저주하고 하나님께 심하게 원망했으니…." 이렇게 생각하며 회개했다. 그날부터 그의 인생은 달라지기 시작했다. 언제나 감사생활을 했다. 그는 항상 감사할 것을 찾는 사람이 되었다. 달라진 그는 훌륭한 정치가가 되었고, 국민의 존경을 받는 재무장관으로서 국가에 크게 기여하는 사람이 되었다.

감사(thank)는 생각(think)에서 나온다. 사람은 생각하는 존재다. 사람답게 감사할 줄 알자. 그러면 기적이 일어난다. 미래가 아름다워진다. 감사하는 사람이 되자.

안되는 집안을 보면 부모가 불평, 불만만 한다. 되는 집안을 보면 부모가 감사의 말을 한다. 말을 바꾸라. 그래서 인생을 바꾸라. 감사의 말을 해서 복된 인생을 살라.

감사절(초막절)

레위기 23장을 보면 감사절은 하나님의 명령이다(레 23:33-40). 초막절이라고 불린다. 초막절은 히브리 말로 '숙곳'이라고 불린다. 천막의 축제라는 뜻이다. 이것은 7월 15일에 행하여지는데, 이것은 오늘날 우리 달력으로 9월 말에서 10월 말에 해당하는 시기이다.

이 시기에는 감사예물을 드려야 한다. 이 절기는 토지소산 거두기를 마친 후에 시작된다. 즉, 추수 감사의 의미를 갖는다. 이때 하나님 앞에서 칠 일 동안, 즉 일주일 동안 즐거워하라고 말씀한다. 즐거워하는 시기다.

솔로몬에 의한 최초의 성전 봉헌도 바로 이 초막절, 즉 감사절에 있었다(왕상 8:2). 우리는 항상 하나님의 전에서 함께 감사하며, 기뻐해야 한다. 그것이 성도로서, 제자로서 합당한 자세이다.

예수님의 감사

마태복음 14장에 나오는 남자만 오천 명을 먹이신 기적의 이야기를 잘 알 것이다. 예수님께서 빈 들로 가셨는데, 많은 사람이 알고 따라왔다. 예수님께서 그들을 보시고 불쌍히 여기셨고, 그중에 있는 병자들을 고쳐 주셨다. 그야말로 '공짜'로 고쳐 주셨다. 수술이라는 힘든 과정, 회복 과정을 필요로 하지도 않는 엄청난 치료를 해주셨다. 이제 예수님과 제자들이 받아야 할 판이고 그들의 배고픔을 생각해야 할 시기다. 그러나 제자들은 사람들의 배고픈 사정을 생각했다. 의로운 자는 어려운 자의 사정을 알아준다. 악인은 어려운 자의 사정을 모르지만….

예수님의 제자들처럼 우리도 어려운 사람의 사정을 알아주는 사람이 되어야 한다. 제자들이 예수님께 말했다. "이미 저물었으니 무리를(사람들을) 보내어 마을에 들어가 먹을 것을 사 먹게 하소서"(마 14:15) 그런데 예수님께서 특이한 말을 하신다. "예수께서 이르시되 갈 것 없다 너희가 먹을 것을 주라"(마 14:16) 상식적으로 불가능한 말씀이다. 예수님의 말씀은 좋은 말씀이지만, 현실성이 없는 말씀 아닌가? 이성의 논리로는 그렇다. 그러나 주님은 인간의 논리에 갇힌 분이 아니다. 우리 딴에는 뭔가 좋은 제안을 한다고 하면서 하나님의 더 뛰어난 제안을 들을 때 우리는 당황한다. 제자들이 그러했다.

우리가 살면서 때로 우리 주변을 보면, 어렵고 힘든 사람이 많은데 우리가 할 수 있는 일이 거의 없다. 그런데 주님께서 "너희가 먹을 것을 주라"고 하신다면? 이것은 매우 도전적인 말씀이다. "네가 해결해 줘라."

제자들이 방도를 찾아보고 나서 말한다. "여기 우리에게 있는 것은 떡 다섯 개와 물고기 두 마리뿐이니이다"(마 14:17) '우리에게 주어진 것이 너무 하찮습니다. 이 사람들을 도울 능력이 거의 없습니다.' 그런 말이다. 그러자 예수님께서 "그것을 내게 가져오라"고 하신다(마 14:18). 제자들은 순종한다. 예수님께서 축사하시고 제자들에게 주시니, 제자들이 사람들에게 나누어 주었다. 그런데 모든 사람이 다 배부르게 먹었다. 그리고 남은 조각이 열두 바구니에 차게 남았다. 여자, 어린이 말고 남자만 오천 명이 배부르게 먹었던 것이다. 기적이 일어난 것이다.

이 책을 읽는 사랑하는 형제, 자매여, 당신의 부족한 것을 주님 손에 맡기라. 거기서 기적이 시작된다. 제자들이 가진 것으로는 한 사람만 먹을 수 있는 분량이었다. 그러나 예수님께 가져가자 남자만 오천 명이 먹고도 남았다. 우리 가진 것으로 할 수 있는 일은 거의 없다. 그러나 주님

손에 붙들리면, 기적이 일어난다. 주님께 가져가라. 주님 손에 맡기라. 기적이 일어난다.

기적의 과정을 잠깐 생각해 보자. 예수님께서 사람들을 잔디 위에 앉히셨다. 그리고 특이한 일을 하셨다. "떡 다섯 개와 물고기 두 마리를 가지사 하늘을 우러러 축사"하셨다(마 14:19). 하늘을 우러러 쳐다보셨다. 하나님을 향하셨다. 그리고 축사하셨다. 축사는 헬라어 원어로 '율로게오'라는 말인데 찬양한다, 축복한다는 말로 '감사'를 의미한다. 이 보잘것없는 것을 가지고 주님께서 '감사'하셨다. 그리고 축복하셨다. 제자들과 예수님의 가장 큰 차이는 '감사'였다. 보잘것없는 것을 가지고 감사하는 것, 이것이 기적을 부른다.

그리고 나누어 주시자, 기적이 일어났다. 계속 늘어나는 기적이 일어났다. '감사'는 기적을 부른다. 노아의 감사가 기적적인 약속의 축복을 받았듯이, 예수님께서 '감사'는 기적을 부르는 것임을 제자들에게 보이셨다. 우리는 배워야 한다. 주님의 손에 맡기는 법, 그리고 감사의 기적을….

예수님에게 좋은 영적 습관이 있었다. 첫째, 안식일에 회당에 가셨다(눅 4:16). 우리말로 하면 주일에 교회에 가셨다. 항상 주일에 교회에 가서 예배드리라. 둘째, 항상 기도하셨다(눅 22:39). 특별히 아버지의 뜻대로 되기를 원하는 기도를 하셨다. 셋째, 작은 것으로 감사하셔서 기적을 이루셨다. 또한 마태복음 15장에 보면 떡 일곱 개와 생선을 가지사 역시 '축사'하시고 제자들에게 나누어 주시자, 여자와 어린이 외에 남자만 4천 명이 배부르게 먹고도 남았다. 주님께서 두 번이나 '적은 것'을 가지고 감사하며, 축사하시자 기적이 일어났다. 기억하자. 감사는 기적을 일으킨다. 제자들이 기억하고 실천할 일이다.

조선시대에 한 부자가 있었는데 목이 옆을 향해 비뚤어져 있었다. 그런데, 하루는 어떤 사람이 찾아와 침술로 얼굴을 제대로 돌려놓을 수 있다고 한다. 대신 5천 냥을 내라고 했다. 그러자 부자가 "5천 냥이 아니라, 5만 냥이라도 좋으니 고치기만 하시오." 했다. 그 사람이 은침을 몇 개 꺼내 몸에 꽂았다. 그런데 목이 제대로 돌아가면서 정상적인 목을 갖게 되었다. 이제 5천 냥을 줘야 한다. 그런데, 이 부자가 아까운 생각이 든다. 그래서 이런 저런 이유를 들면서 돈을 깎기 시작했다. 5천 냥을 2천 냥으로, 그러고는 다시 1천 냥으로 깎았다. 그러면서 말했다. "뭐 밑천도 들지 않는데, 1천 냥도 많은 것 아닙니까?" 그러자 그 사람이 말했다. "물론 밑천은 들지 않았습니다. 그런데 온전히 고치기 위해서는 침 한 대를 더 맞아야 합니다." 하면서 침 한 대를 찔렀다. 그러자 이상하게 그 부자의 목이 전처럼 비뚤어져 버렸다. 그때 그 사람이 일어나 나가면서 이렇게 말했다. "돈 주실 필요 없어요. 밑천도 들지 않았는데요, 뭐."

감사할 줄 알자. 그렇지 않으면, 오던 복도 나간다. 예수님처럼 감사하자. 그래서 기적을 체험하자.

미국 청교도들의 감사

미국은 11월 넷째 주 목요일을 추수감사절(Thanksgiving Day)로 지킨다. 1621년 새로운 세계에서의 '최초의 추수감사절'을 지켰고, 이후 1863년 링컨 대통령이 국경일로 공포하면서, 매년 기념하게 되었다. 현재 미국에서 연중 가장 중요한 국경일 중 하나다. 이들에게 추수감사주일은 셋째 주일, 혹은 넷째 주일이 된다. 한국은 그 전통을 이어받아 지키는데, 고정적으로 셋째 주일을 지켰다. 즉, 미국의 영향을 받았으나 한국 교회 나름대로 정한 날이 11월 셋째 주일이다.

미국에서의 첫 추수감사는 1621년 플리머스에서 이민자들과 인디언들이 함께 야외에서 여러 음식을 차려 놓고 일주일간 감사절을 지키는 것으로 시작되었다. 이 관습이 점차 여러 지역으로 퍼지게 되었고, 1863년 링컨 대통령에 의해서 미국 전역의 연례적인 절기로 공포되었다.

1620년 9월 6일 영국에서 종교의 자유를 찾아 102명의 청교도들이 메이플라워호를 타고 미국으로 향했다. 2개월이 넘는 모진 고난의 항해

끝에 1620년 11월 11일 매사추세츠 주 케이프카드 만에 도착한다. 첫 겨울을 배에서 지내면서 거의 절반이 괴혈병, 폐렴 등의 질병에 걸려 죽었다. 다음 해 초인 1621년 2월 28일까지 50명이 세상을 떠났다.

1621년 3월 이후에 인디언들과 청교도들 사이에 분쟁도 있었지만, 상호 협력 및 불가침조약을 맺은 이후 인디언들로부터 옥수수와 밀, 경작법 등 많은 도움을 받았다. 특히 청교도들이 양식이 부족해서 일주일에 3일씩 금식을 하며 어렵게 지낼 때 인디언들이 짐승들을 잡아다 주기도 해서 연명해 나갈 수가 있었다. 가을이 되어 그들이 심은 옥수수와 보리, 밀 등이 풍작을 이루었고 가을 추수를 하였다. 이를 축하하기 위해 청교도들의 지도자 브래드포드는 인디언들과 함께 최초의 '추수감사절'을 지키며 축하하기로 하고 인디안 추장 마사소이드를 초청했다. 마사소이드 추장은 90명의 용사를 데리고 참석했다.

이날 청교도들은 들새를 잡으러 나가서 많은 칠면조를 잡았고, 인디언들은 사냥을 해서 다섯 마리의 사슴을 잡았다. 그 이후로 추수감사에는 칠면조 요리를 먹는 전통이 생겼다. 청교도들은 인디언들과 아울러 모여서 제단을 쌓고 하나님께 예배를 드리며 기뻐했다. 청교도들이 바라던 신앙의 자유를 만끽할 수 있는 시간이 왔기 때문이다. 이들의 감사도 노아의 감사, 예수님의 감사와 비슷했다.

일 년 동안 가족 친구, 성도들이 절반이 죽었다. 간신히 살아남았다.

그렇지만, 주어진 작은 것에 '깊은' 감사를 드렸다. 그러면서 기적이 일어났다. 잘 아는 대로 미국이 짧은 시간에 일어나면서 **세계 최고의 나라**가 되었다.

이 책을 읽는 사랑하는 형제, 자매여, 감사하자. 그러면 기적이 일어난다. 우리와 후손이 다 잘된다. 감사하는 사람들이 되자.

세계 여러 나라 선교를 다니면서 느끼는 것은, 세계 최고의 선교국가가 미국이라는 것이다. 그래서 미국은 수많은 나라에 가서 복음을 전파했고, 지금도 세계 최고의 선교 국가다. 그런데 그들이 선교한 나라 중 가장 성공적인 나라가 바로 한국이다. 그런데 왜 그럴까? 여러 가지 이유를 말하는데, 그중에 학교를 세웠기 때문이라는 주장이 있다. 그런데 학교는 세계 거의 모든 나라에 다 세웠다. 그래서 한국적 유교 사상과 학교가 맞았기 때문이라는 주장이 약간 설득력이 있다. 혹은 네비우스 정책을 말하기도 한다. 그것도 일리가 있다. 현재까지 가장 대중적으로 받아들이는 견해다. 자꾸 남의 힘을 의지하지 말고, 스스로의 힘으로 일어나도록 가르쳤다는 것이다. 실제로 다른 나라를 다녀 보면, 이 정책으로 서는 나라가 많지 않다. 그래서 약하다. 따라서 이 주장은 아주 설득력이 있다.

그런데 내가 여러 나라를 다니면서 '우연히' 알게 된 것이 있는데, 더 중요한 것 한 가지가 있다. 나는 이것이 결정적 이유일 거라고 생각한다. 바로 '추수감사절'이다. 한국은 그것을 배웠다. 그래서 추수감사주일을 지킨다. 그런데 세계 여러 나라에 추수감사절이 없다. '감사'가 빠졌다. 나는 이것이 아주 중요한 것이라고 본다. 감사가 기적을 부른다. 기적의 축복을 부른다.

믿음생활에서 참 중요한 것이 감사다. 미국은 아름다운 감사의 성경적 전통을 가지고 있다. 그래서 복을 받았다. 우리 한국도 그 전통을 이어받아서 부강해졌다고 나는 믿는다. 다른 나라 중에 감사절(감사 주일)이 없는 나라가 꽤 많다. 이 책을 읽는 사랑하는 형제, 자매여, 내가 미국에서 여러 해 살다가 와서 느낀 것이 있다. 우리만 감사가 아니라, 친구를 초청해서 감사해야 한다는 것이다. 그래서 내가 지금 사역하고 있는 교회에서는 그렇게 한다.

우리 함께 감사하자. 함께 복 받고 함께 잘 살자. 온 가족이 그리고 우리 친구들도 함께…. 주님의 제자는 "감사"함으로 우리 옆의 힘든 사람을 도우는 사명이 있다. 불평하지 말고 감사하자. 주님처럼 감사하면서 우리가 도우며 살자. "너희가 먹을 것을 주라." 오늘 우리에게 주시는 주님의 명령이다. "네가 도우라" 주님 손에 맡기고, 감사하면, 기적이 일어날 것이다.

한 가지 이야기를 하면서 이 장을 마무리하려고 한다.

어떤 특이한 수도원이 있었다. 그곳에서는 모든 수도승이 절대로 말을 하지 않고 침묵을 지켜야 했다. 단지 한 해의 마지막 날, 수도원장에게 두 마디의 말을 할 수 있도록 허용되었다. 그런데, 한 신참 수도승이 들어왔다. 그해 마지막 날 수도원장이 신참 수도승에게 할 말이 있으면 하라고 했다. 그러자 그 수도승이 이렇게 한마디만 했다. "침대가 딱딱해요." 다음 해 마지막 날이 되었을 때, 수도원장이 할 말이 있는지 물었다. 그러자 그 수도승이 이번에도 역시 이렇게 한마디만 했다. "음식이 나빠요." 삼 년째 되는 해의 마지막 날, 그 수도승이 무슨 말을 했는지 아는가? "전 그만두겠어요." 그러자 수도원장이 이렇게 답했다. "그럴 줄 알았소. 당신은 지금까지 한 말이라곤 온통 불평, 불평뿐이었으니까."

아메리카 인디언의 금언에 이런 말이 있다. "어떤 말을 만 번 이상 되풀이하면 반드시 미래에 그 일이 이루어진다."

이 글을 읽는 사랑하는 형제, 자매여, 마음속에서 무엇을 되풀이하고 있나? 어떤 말을 되풀이하고 있나? 감사를 통해 기적을 체험한 사람들을 보면 수없이 감사를 되풀이하던 사람들이다. 이제 감사의 말을 하자. 그리고 감사를 통한 기적을 체험하며 살아가는 우리 모두가 되기를 바란다.

Practical Discipleship

10장

시험

말씀을 들을 때,
시험에 들지 말고,
은혜를 받으라

10장

시험

말씀을 들을 때, 시험에 들지 말고, 은혜를 받으라

어떤 건망증이 심한 아주머니가 택시를 탔다. 그리고 기사에게 말한다. "우리 언니 집이 있는 금호동 쪽으로 가주세요." 그런데, 가다가 기사에게 묻는다. "아저씨, 제가 언니 집에 가자고 했나요? 아니면 동생 집이라고 했나요?" 건망증이 심한 거다. 그런데 운전기사가 놀라서 쳐다보더니 이렇게 말하더란다. "아니, 손님 언제 타셨어요?" 이 사람은 더 건망증이 심한 사람이었다.

시험이 닥칠 때, 당신은 이기는가? 예수님의 제자들에게 시험이 닥쳤을 때, 그들은 어떻게 반응했는가? 예수님께서 열두 사도에게 "너희도 가려느냐?"라는 질문을 하신 적이 있다. 이것은 제자로 따라왔던 사람들의 변절을 설명한다. 흔히 사람들은 예수님이 지금 이곳에 계시면 자신들은 끝까지 따라갈 거라고 말한다. 과연 그럴까? 예수님께서 친히 이 땅에 계실 때에도 사람들은 변절했다.

많은 제자들이 시험에 빠져서 예수님을 떠나갔다. 오병이어 사건 후, 기적의 광경을 보았으나, 작은 일에 시험이 들어서 수많은 제자들이 떠나갔다. 쉽게 말하면, 교인들이 시험 들어서 교회를 떠나는 것과 비슷하다. 그러자 예수님께서 열두 제자에게 물으셨다. "너희도 가려느냐?" 나는 이 말씀 속에 담겨진 주님의 슬픔을 느낀다. 그 심정이 느껴지는가? 주님께서 주의 제자들에게 질문하셨다. "너희도 가려느냐?" 우리는 이 말씀 속에서 도전을 받고, 또한 큰 은혜를 받게 되기를 바란다.

예수님께서 보이시는 모습, 그리고 많은 사역자들이 가는 길, 제자의 길. 엄청나게 인기를 얻다가 갑자기 모든 것이 흩어지는 순간. 이 장에서 그런 내용을 보게 된다.

예수님께서 오병이어의 표적을 행하신 후, 그날 저녁 배를 타고 가버나움(예수님의 본거지)으로 돌아간다. 다음 날 여러 사람들이 예수님을 만나러 왔다. 예수님께서 가버나움 회당에서 가르치시면서 그들과 말씀하셨다. 요즘 표현으로 하자면, 예수님께서 교회에서 설교하실 때에 사건이 발생한다.

이 책을 읽는 사랑하는 형제, 자매여, 예수님께서 친히 설교하시면 어떨까? 모두 예수님을 믿을까? 요한복음 6장의 말씀은 네 종류의 사람을 말한다. 그중에 세 종류는 소위 제자들이다. 제자도 여러 종류가 있음을 설명한다. 우리 가운데에도 아마 그럴 것이다. 네 종류의 사람을 살펴보자.

네 종류의 사람들

1) 군중

첫째, 군중이다. 이들도 하나님을 믿는다고 하는 사람들이다. 이들의 문제점이 무엇인가? 설교를 들을 때 은혜를 받지 못한다. 깨닫지 못한다. 그것이 특징이다. 예수님이 말씀을 해도 은혜를 받지 못한다. 깨닫지 못한다. 이런 사람들은 공격적이다. 그들이 예수님의 믿으라는 설교를 듣자 질문한다. 믿으려는 질문이 아니라 공격을 위한 질문을 한다. "우리가 보고 당신을 믿도록 행하시는 표적이 무엇이니이까?"(요 6:30) 공격적인 질문이다. 오병이어의 기적을 보고도 그 정도로는 부족하다는 것이다. 그러면서 이들은 요청을 해도 이기적인 요청만 한다. 그들은 "이 떡을 항상 우리에게 주소서"라고 한다(요 6:34).

회개하고 예수님을 믿으려는 것이 아니라, 경제적 축복만을 구하는 것이다. 그리고 설교자의 배경에 대한 의문을 갖는다. 그들이 수군거린다. "이는 요셉의 아들 예수가 아니냐 그 부모를 우리가 아는데 자기가 지금 어찌하여 하늘에서 내려왔다 하느냐?"(요 6:42)

이들은 예수님 앞에 왔다. 말씀을 들었다. 기적을 체험했다. 그래서 자기들의 임금을 삼으려고 했다. 요한복음 6장 15절 중반에 "억지로 붙들어 임금으로 삼으려는 줄 아시고" 이런 설명이 나온다. 그러나 예수님께서 이들을 떠나신다. 예수님이 바라던 것은 그것이 아니었기 때문이다.

이 책을 읽는 사랑하는 형제, 자매여, 많은 사람들이 예수님에게 온다. 기적을 체험하고 싶어 한다. 그리고 기적을 체험한다. 그들은 예수님을 임금으로 삼으려고 한다. 자기의 육신을 위해서…. 그러나, 믿지 않았다. 바로 그것이 예수님 당시나 오늘날이나 동일한 문제인 것이다. 예수님을 따라오고, 놀라운 체험을 하지만 예수님을 믿지 않는다. 이들은 말씀을 들으나 은혜를 받지 못한다. 깨닫지 못한다. 이들은 그냥 군중일 뿐이다.

예수님께서 이들을 향해 말씀하신다.

너희가 나를 찾는 것은 표적을 본 까닭이 아니요 떡을 먹고 배부른 까닭으로다(요 6:26)

이들이 원하는 것은 하나님이 아니고 떡, 즉 돈(경제)이었다. 배고픔에는 두 가지 종류가 있다. 물질적 배고픔이 있고, 영적인 배고픔이 있다. 이 군중은 의외로 값없이 넉넉한 음식을 받았다. 그리고 더 원했다. 물질적 복을 원했다. 그러나, 다른 굶주림이 없었다. 영적인 굶주림, 진리를 향한 굶주림, 생명에 대한 굶주림, 하나님의 사랑에 대한 굶주림 이런 것이 없었다. 그래서 예수님께서 제자들에게 가르치셨다.

심령이 가난한 자는 복이 있나니 천국이 그들의 것임이요(마 5:3)

영적 굶주림을 만족시킬 수 있는 분은 예수님이시다. 그런데, 이들은 그것을 원하지 않았던 것이다. 이 책을 읽는 사랑하는 형제, 자매여, 마음에 가난함을 가지고 있는가?

예수님은 생명의 떡이다. 우리 식으로 말하자면, 생명의 밥이다. 예수님의 초대를 이들은 깨닫지 못하고, 거부했다. 결국 이들은 생명을, 영생을 얻지 못한다.

2) 변질되는 제자: 떠난 제자들

요한복음 6장에 나오는 두 번째 종류의 사람은 변질되는 제자들이다. 이들은 변질되어서 결국 예수님을 떠난 제자들이다. 이들은 처음에는 말씀을 듣고 은혜를 받았다. 그래서 제자가 된다. "나를 따라오라"는 말씀을 따라, 주님을 따라간다. 그러나 중간에 그만둔다. 불충한 사람들, 변절자들이다.

어떤 사람들은 이렇게 말한다. '목사님과 예수님은 다르므로 예수님이 오면 절대 변질되지 않을 것입니다.' 과연 그런가? 예수님 앞에서도 변절자가 있었다. **조금이 아니라, 많이** 있었다. 이제 주님이 다시 오셔도 마찬가지일 것이다. 항상 불충한 사람들이 있고, 변절자가 있다.

이들이 특징이 뭔가? 말씀에 은혜를 받기는 하는데, 또한 **쉽게 시험**에 드는 것이다. 말씀을 들을 때, 쉽게 시험이 든다. 그래서 결국 떠나게 된다. 예수님께서 시험에 빠진 제자들에게 말씀하신다.

> 예수께서 스스로 제자들이 이 말씀에 대하여 수군거리는 줄 아시고 이르시되 이 말이 너희에게 걸림이 되느냐(요 6:61)

예수님의 설교, 가르침을 들으면서 군중이 시험 드는 것을 넘어, 제자들까지 수군거린다. 그래서 예수님께서 질문하신다. "이 말이 너희에게 걸림이 되느냐?" 그러면서 주님께서 말씀하신다. "너희 중에 믿지 아니하는 자들이 있느니라"(요 6:64) 예수님을 따라오는 제자들이다. 제자 훈련을 받았을 것이다. 그러나 여전히 믿지 않는다.

주님의 이 말씀은 책망이며, 사실을 그대로 지적하는 말씀이다. 잘못을 지적받으면 어떻게 해야 하는가? 회개해야 한다. 그런데, 이들이 어떻게 하는가? "이러므로 제자 중에 많이 물러가고 **다시 그와 함께 다니지 아니하더라**"(요 6:66)

충격적인 증언이다. 마태, 마가, 누가복음에는 없으나 요한복음에서 이 충격적 사실을 서술한다. 예수님의 설교와 가르침을 듣고 제자들이 시험받아서 떠난다. 얼마나? "많이"라고 말한다. 많이 물러간다. 그리고 다시는 함께 다니지 않았다고 말씀한다. 충격적인 증언이다.

이 책을 읽는 사랑하는 형제, 자매여, 지금 예수님이 설교하시면 모두가 은혜를 받을까? 아니라고 성경이 증언한다. 어떤 사람은 시험받고 교회를 떠날 것이다.

이 책을 읽는 사랑하는 형제, 자매여, 왜 예수님께서 많은 사람을 붙잡아 두시지 않고, 갈 사람은 가게 하시는가? 나는 이 말씀을 묵상하며 아주 귀중한 진리를 깨닫는다. 예수님께서는 믿음의 사람들로 교회를 세우시려는 것이다. 그저 숫자만 많은 것을 원하시는 것이 아니다. 참된 믿음의 사람들을 추려서 이후에 그들을 통해 폭발적인 교회 성장을 이루신다. 예수님께서는 지금 그 사전 정비 작업을 하시는 것이다. 이것을 잘 기억하자. 하나님의 교회는 명목상의 제자들이 많은 것은 아무 소용이 없다. 정비가 되어져야 한다. 때가 되면 진정한 믿음을 가진 자와 명목상의 제자들이 구별이 된다. 예수님께서는 이 작업을 통해서 제자들을 정비하시는 것이었다. 때로 교회가 교회답게 되려면 이런 작업이 필요한 것이다.

변절된 제자들, 그들은 말씀과 자신의 생각이 다를 때, 자신을 바꾸지 않는다. 자신의 주장을 내세우고 회개하지 않는다. 그리고 제자의 길을 떠나며, 예수님에게서 등을 돌린다. 그런데 이러한 행동은 그들이 천국 백성으로 합당하지 않다는 것을 증명하는 것이다.

예수님 사역이 표면적으로 보면 위기에 처한 것이다. 큰 무리가 예수님을 떠났다. 게다가 그의 제자 중에 많은 사람이 예수님을 떠났다. 그러나 사실은 바로 이 시간을 통해 진정한 제자들이 추려지는 것이었다.

3) 남은 제자들 - 충성된 제자들

요한복음 6장에 나오는 세 번째 종류의 사람은 남은 제자들, 곧 충성된 제자들이다. 요한복음 6장 67절을 보면 "예수께서 열두 제자에게 이르시되 너희도 가려느냐"라고 말씀한다. 예수님의 질문 "너희도 가려느냐?" 이 말씀은 원문을 직역하면 "너희 또한(also) 가지 않느냐?"라는 말씀이다. 많은 제자들이 예수님을 떠났다. 이제 예수님과 남는 것은 강제가 아닌 자발적인 선택에 의한 것이다. 예수님도 그것을 명백하게 하셨다. 많은 사람의 이탈은 신앙의 진실성을 시험하는 계기가 된다. 규칙적으로 따르던 제자들 중에 많이 이탈하는 모습은 남은 모든 제자들을 시험하고, 그들의 신앙을 고백할 기회가 되었다.

예수님의 "너희도 가려느냐?"는 질문 앞에 베드로가 대답한다.

주여 영생의 말씀이 주께 있사오니 우리가 누구에게로 가오리이까 우리가

주는 하나님의 거룩하신 자이신 줄 믿고 알았사옵나이다(요 6:68-69)

예수님을 향해 '주여'라고 말한다. 베드로는 처음부터 이러했다. 예수님을 랍비(선생)로 따른 것이 아니라, '주'로 알고 따랐던 것이다. 참으로 충성된 사람이었다. 또한 '영생의 말씀이' 주님께 있다고 고백한다. 말씀, 그것도 생명의 말씀, 그것도 영원한 생명의 말씀이 예수님에게 있다고 고백한다. 다른 사람들은 시험받는 설교를 듣고도, 베드로는 영원한 생명의 말씀이 주님께 있다고 고백한다. 그는 말씀에 은혜를 받는 자였다. 그리고 말씀에 큰 가치를 두는 사람이었다. 그러면서 "우리가 누구에게로 가오리이까?"라고 말한다. 끝까지 남는 제자는 남들이 시험 드는 설교를 듣고도, 영생의 말씀으로 알고 은혜를 받는 제자다. 그런 사람이 되라. 남들은 시험 들어도, 은혜를 받는 복된 귀를 가지라.

여기서 베드로는 복수, '우리'를 사용하고 있다. 즉, 베드로가 열두 제자의 대변인으로 나선다. "우리가 누구에게로 가오리이까?" 그의 충성됨을 나타내고 있다. 변절자들이 대거 나온다. 그러나 베드로와 소수의

사람들은 변질되지 않았다. 그러면서 "우리가 주는 하나님의 거룩하신 자이신 줄 믿고 알았사옵나이다" 라고 고백한다. 예수님에 대한 온전한 고백이 있다.

말씀에 시험을 받는 자와 말씀에 은혜를 받는 자, 이것은 하늘과 땅처럼 아주 큰 차이다. 그런데 이런 믿음은 모든 사람의 것이 아니다. 오직 택함 받은 자에게 믿음이 주어지는 것이다.

이 책을 읽는 사랑하는 형제, 자매여, 당신에게 믿음이 있는가? 말씀이 은혜가 되는가? 택함 받은 증거다. 당신 마음속에 변치 않는 충성이 있는가? 택함 받은 증거다. 감사하기 바란다. 믿음은 모든 자의 것이 아니다. 당신에게 깨달음이 있다면, 믿음이 있다면, 충성이 있다면 감사하라. 은혜이기 때문이다.

4) 타락한 제자 - 가룟 유다

요한복음 6장에 나오는 네 번째 종류의 사람이 있다. 바로 타락한 제자다. 소위 수박처럼 겉과 속이 다른 아주 무서운 제자가 있다. 베드로의 고백을 들으시고 예수님께서 말씀하신다. "내가 너희 열둘을 택하지 아니하였느냐 그러나 너희 중의 한 사람은 마귀니라"(요 6:70) 누구를 말하는가? "이 말씀은 가룟 시몬의 아들 유다를 가리키심이라 그는 열둘 중의 하나로 예수를 팔 자러라"고 말씀한다(요 6:71).

마귀 "디아볼로스"라는 말은 비방자, 헐뜯는 자, 거짓 참소자라는 뜻이다. 한 사람은 예수님과 함께 했지만, 마귀였다. 그는 계속 예수님을 따라다녔다. 떠나지 않았다. 그러나 그 마음에는 항상 헐뜯는 마음, 비방하는 마음을 품고 계속 따라갔다. 참으로 저주 받은 인생이다. 그래서 예수님께서 "그 사람은 차라리 태어나지 아니하였더라면 제게 좋을 뻔하였느니라"(마 26:24)고 말씀하셨다. 놀라운 것은 이런 타락한 자가 예수님 곁에서 끝까지 붙어 다녔다는 것이다.

요한복음 6장은 우리에게 이렇게 네 종류의 다른 사람이 예수님 주변에 있었음을 설명한다. 오늘날 교회에도 이런 네 종류의 사람이 존재한다. 이것을 예수님의 가르침에서 배우는 비유가 있다. 무엇인가? 바로 마음 밭, 즉 씨 뿌리는 비유다.

씨 뿌리는 비유 - 마음 밭

마태복음 13장에서 예수님께서 네 가지 밭의 비유를 말씀하신다. 첫째, 길가, 둘째, 돌밭, 셋째, 가시떨기, 넷째, 옥토를 말씀하신다.

1) 길가

첫째, 길가는 처음 이야기한 종류의 사람을 잘 설명한다. 이들은 군중과 같다. 말씀을 들을 때, 깨달음이 없다. 길가는 하나님의 말씀을 들어도 소용이 없다. 새가 씨를 먹듯이 마귀가 그 마음에 와서 뿌려진 말씀을 빼앗아 버리기 때문이다. 이런 사람들은 말씀을 들을 때, 깨달음은 없고 공격적 질문만 한다. 그의 마음에는 성령이 아니라, 악한 마음으로 가득 차 있기 때문이다.

2) 돌밭

둘째, 돌밭은 우리가 본 두 번째 종류의 사람들을 잘 설명한다. 변질된 제자들, 예수님을 떠난 제자들을 설명한다. 돌밭은 흙이 깊지 않다. 그래서 싹이 나오지만 해가 나면 뿌리가 없어서 마른다. 돌밭과 같은 사람들은 말씀을 듣고 즉시 기쁨으로 받는다. 그러나 뿌리가 없어 말씀을 인한 환난이나 핍박이 일어나면 곧 넘어진다. 변질된 제자들이 그러했다. 한때 제자 훈련을 받고 따라왔으나, 시험에 들고 떠나간다.

3) 가시떨기

셋째, 가시떨기는 가룟 유다를 설명한다. 말씀을 듣지만 세상 염려, 돈의 유혹에 말씀이 막혀 결실하지 못하는 사람이 가시떨기 밭이다. 가룟 유다는 예수님 앞에 여인이 향유를 붓자 아주 극심한 시험에 든다. 한 사람의 일 년 연봉에 해당하는 값비싼 향유를 붓는 것을 기분 좋게 받고 있는 예수님을 보며 시험에 든다. 그에게는 돈이 최고이기 때문이다. 결국 예수님을 돈을 받고 판다. 돈, 돈, 돈. 이런 사람들은 위험한 사람들이다.

4) 옥토

넷째, 옥토는 남은 제자들을 설명한다. 옥토는 말씀을 듣고 깨닫는 자다. 그리고 결실하여 혹 백 배, 육십 새, 삼십 배가 된다. 이 책을 읽는 사랑하는 형제, 자매여, 우리는 부름 받은 자들이다. "나를 따라오라" 주님의 부르심을 따라가는 제자들이다.

이번 장의 말씀은 우리의 삶에 '선택의 순간'이 있다는 것을 설명한다. 말씀에 시험이 드느냐? 영생의 말씀이라고 느껴지느냐? 이것이 선택의 중요한 관건이 된다. 그래서 우리는 항상 깨어 기도해야 한다. 말씀을 들을 때 은혜를 받지 못하면, 이 사람은 제자로서 제대로 살 수 없게 된다. 항상 교회를 위해 말씀을 전하는 담임 목회자를 위해 기도해야 한다. 그래서 말씀이 꿀송이처럼 들려야 한다. 이런 은혜 가운데 살아서 아름다운 결심을 맺는 옥토가 되기 바란다. "너희도 가려느냐?" 이 질문 앞에 "영생의 말씀이 있사오니 우리가 누구에게로 가오리이까?" 이런 고백이 우리에게 있기를 바란다.

이 장을 마치기 전에 기억할 것이 있다. 베드로는 예수님의 사역에 위기가 닥쳤을 때, 분명하게 예수님 편에 섰던 사람이다. 많은 사람은 베드로의 실수만 기억한다. 그러나 요한복음 6장도 기억하기 바란다. 많은 변절자가 생길 때, 베드로는 굳건하게 섰던 사람이다. 그는 예수님 편에 섰고, 충성되었다.

예수님께서 외로울 때, 예수님 편에 섰던 사람이다. 그런 충성된 사람의 실수를 이후 예수님께서 용서해 주시는 것이 이해가 된다. 이런 충성된 사람이 없었기 때문이다. 이 책을 읽는 사랑하는 형제, 자매여, 베드로처럼 항상 말씀에 은혜를 받는 사람이 되기 바란다. 베드로처럼 항상 충성된 사람이 되기 바란다. 그래서 주님의 최고의 제자의 반열에 서는 우리 모두가 되기를 바란다.

한 가지 이야기를 말씀드리면서 이 장을 마치겠다.

중국의 '화타'는 전설적인 의사다. 동방의 명의로서 신의라고 일컬어지는 사람이다. 침을 처음으로 개발한 사람이라고 한다. 기원전 사람인데 그 당시 마비산이라는 마취제를 발명해서, 전신마취를 세계 최초로 시킨 사람이었다. 외과 수술도 잘했다. 건강을 위해 운동의 중요성을 강조하고 오금희라는 보건체조도 만들었다. 온몸이 만신창이가 되어 생명이 위독한 사람을 하루 종일 수술해서 완치시켰고, 독이 묻은 화살이 박힌 관우의 어깨도 살을 째고 검게 변색된 뼈의 일부분을 긁어내는 시술로 중독을 제거하는 데 성공했다. 그런데 의심 많은 조조가 잦은 편두통을 호소하자, 마비산을 이용한 뇌수술을 권했는데 조조를 죽이려고 한다는 의심을 받고 처형을 당한다. 처형당하기 전, 그는 감옥에서 자신에게 잘 대해 준 간수에게 그의 의학적 비법을 남긴 역사적인 의술 책을 건네준다. 그런데, 간수의 아내가 그 책을 불태워 버린다. 남편이 혹시 화타처럼 죽을까 봐 겁을 냈던 것이다. 안타까운 손실이다. 남편이 뒤늦게 이 사실을 알고 간신히 마취술 하나를 건졌다고 한다.

한편 조조는 나중에 애지중지하던 아들 조충이 병으로 죽게 된다. 그때, 자신이 화타를 죽인 것을 두고두고 후회했다고 한다.

역사상 최고의 명의를 죽여 버린 의심 많은 조조, 그리고 명의의 비법을 불태워 버린 어리석은 간수의 아내, 그들의 이야기를 들으면 답답하지 않은가? 예수님의 설교에도 공격적인 질문을 하던 군중, 그리고 시험 들어 떠난 제자들, 예수님을 돈 받고 팔아 버린 제자, 그들을 보면 답답하지 않은가?

시험에 들지 말라.

바라기는 우리는 베드로처럼 참된 제자가 되기를 바란다. 말씀에 은혜 받고, 깨닫고, 믿음의 사람, 충성된 사람이 되어서, 후회 없는 인생을 살아가는 우리가 되기를 바란다.

Practical Discipleship

11장

계명

제자들이
서로 사랑해야 한다

11장

계명

제자들이 서로 사랑해야 한다

한 남자가 주말에 결혼식에 참석하러 가다가, 자기가 회사로 가고 있다는 것을 깨달았다. 건망증이 심했던 모양이다. 그런데 황당하게도 "참, 오늘 회사 노는 날이지. 요즘 내가 왜 이러지?" 하고는 집으로 가 버렸다고 한다.

그 남자의 아내도 건망증이 보통이 아니다. 이 부부가 다른 부부의 초대를 받고 호텔에 갔다. 그런데 아내가 식사 중에 저녁 사 주는 분의 이름을 두 번이나 물었다. 그러고는 돌아오는 길에 남편에게 또 묻는 것이 아닌가. 남편이 화를 내면서 주의력이 부족하다고 나무랐다. 결혼한 지 20년이 되도록 남편 이름 기억하는 게 이상하다고 했다. 그러자 아내가 말했다.

"있잖아요. 나는 노상 당신을 '여보'라고만 부르는데, 왜 그러는지 모르겠어요?"

우리는 옛 계명은 잘 아는데, 새 계명은 건망증처럼 잘 잊고 사는 것 같다.

구약에서 말하던 하나님 사랑, 이웃 사랑의 옛 계명을 잘 안다. 그런데 새 계명이 있다. 예수님께서 우리를 사랑하신 것 같이 우리도 서로 사랑해야 한다는 말씀이다. 제자로서 이것을 꼭 기억하자.

요한복음 13장을 보면 예수님께서 가룟 유다에게 마지막 기회를 주셨다. "네가 하는 일을 속히 하라"(27절) 이 말씀은, 그에게 마지막 기회를 주는 것이다. 그가 하는 일이 무엇인가? 배반하는 일? 아니면 제자로서 충성되게 따르는 일? 그런데, 그는 곧 나갔다. 배반하러 나갔다. 마지막 기회를 버린 것이다. 그때 예수님께서 특이한 말씀을 하신다.

그가 나간 후에 예수께서 이르시되 지금 인자가 영광을 받았고 하나님도 인자로 말미암아 영광을 받으셨도다 만일 하나님이 그로 말미암아 영광을 받으셨으면 하나님도 자기로 말미암아 그에게 영광을 주시리니 곧 주시리라 (요 13:31-32)

'영광'이라는 단어가 계속 나온다. 인자의 영광, 하나님의 영광. 도대체 무엇이 영광이라는 말씀인가? 31절의 영광과 32절의 영광의 의미는 어떤 차이가 있을까? 주님께서 가지신 영광, 우리가 바라보아야 할 영광.

우선 31절을 보면 "지금 인자가 영광을 받았고 하나님도 인자로 말미암아 영광을 받으셨도다"라고 말씀한다. 무슨 영광을 얻으셨는가? 이곳에서 주님의 영광은 도대체 무엇인가? 이제 주님은 십자가를 지셔야 한다. 그런데, 영광이라니? 바로 여기에 놀라운 하나님의 생각이 있다. 주님의 영광은 십자가였다. 왜 십자가가 영광이 되는가? 하나님의 뜻은 이러하다. 십자가가 영광이 되는 세 가지 이유가 있다. 이것이 하나님의 생각이다. 십자가의 영광의 세 가지 의미를 생각해 보겠다.

십자가의 영광

1) 희생

첫째, 십자가는 희생을 뜻한다. 바로 이것이 십자가가 영광이 되는 첫 이유다. 하나님께서는 희생을 영광으로 보신다. 예수님께서는 십자가에서의 자기희생을 영광으로 보셨다. 하나님 아버지도 역시 희생을 영광으로 보셨다. 바로 이것이 하나님의 생각이다. 어리석은 인간들은 자기 유익을 크게 얻는 것을 영광이라고 생각하지만, 하나님의 생각은 다르다. 우리는 주님을 따르는 제자들로서 마땅히 자기 십자가를 져야 한다. 자기희생이 있어야 한다. 희생할 줄 아는 자가 영광된 자인 것이다.

주님을 잘 섬기는 한 성도가 있었다. 그런데 그 옆집에 아주 피곤한 이웃이 있었다. 항상 남을 욕하고, 늘 시끄러운 소리를 내고, 가족끼리도 계속 다툰다. 그 집 아이들이 남의 물건을 잘 훔쳤는데, 부모는 말리기는커녕 오히려 거들었다. 주변 사람들에게 정말 피곤한 존재였다.

성도의 집 마당에 복숭아나무가 한 그루 있었는데, 마침 그 이웃집 부엌 창문 쪽에 있었다. 그런데 그 나무는 여러 해가 지나도 도무지 쓸 만한 열매를 맺지 못했다. 그래서 나무를 베고, 화단을 만들기로 작정했는데 옆집 사람이 그 사실을 알고는 나무를 베지 말아 달라고 사정을 한다. 그 집 부엌은 지붕이 평평해서 더운데, 마침 그 복숭아나무가 그늘을 만들어 주고 있었기 때문이다.

당신이라면 어떻게 하겠는가? 속으로 '잘됐다. 너 한번 뜨거운 맛 좀 봐라' 이러겠는가? 그런데, 그 성도는 그들의 청을 들어주었다. 악을 선으로 갚았다. 희생한 것이다. 그 모습을 그 집 아이가 보았다. 그런데 다음 해에 그 나무에 달콤한 향내를 풍기는 복숭아가 주렁주렁 달렸다. 맛있는 복숭아를 실컷 먹고, 이웃 사람들에게도 나누어 주었다. 희생을 했다고 생각했는데, 오히려 큰 유익을 보상으로 얻게 되었다. 그해 겨울

피곤한 이웃이 이사를 갔는데, 이상하게도 그 다음 해에 복숭아나무가 완전히 죽었다. 그런데 이 일을 보면서 그 성도의 가정에 있던 아이는 귀한 교훈을 얻었다. 희생의 씨앗은 아름다운 열매를 맺는다는 것이다.

십자가는 영광이다. 희생은 영광이다. 하나님의 영광에 참여하는 우리 모두가 되기를 바란다.

2) 순종

둘째로 십자가는 순종을 뜻한다. 바로 이것이 십자가가 영광이 되는 두 번째 이유다. 하나님께서는 순종을 영광으로 보신다. 예수님께서는 십자가를 지는 순종을 영광으로 보셨다. 하나님 아버지도 역시 순종을 영광으로 보셨다. 바로 이것이 하나님의 생각이다. 어리석은 인간들은 자기주장이 강한 것을 영광으로 생각하지만, 하나님의 생각은 다르다. 주님을 따르는 제자들은 마땅히 자기 십자가를 져야 한다. 순종이 있어야 한다. 절대 순종할 줄 아는 자가 영광된 자인 것이다.

3) 사랑

셋째로 십자가는 사랑을 뜻한다. 바로 이것이 십자가가 영광이 되는 세 번째 이유다. 하나님께서는 사랑을 영광으로 보신다. 예수님께서는 십자가를 지는 사랑을 영광으로 보셨다. 그리고 하나님 아버지도 사랑을 영광으로 보신다. 바로 이것이 하나님의 생각이다. 어리석은 인간들은 자기 분노가 강한 것을 영광으로 생각한다. 그러나 하나님의 생각은 다르다. 주님을 따르는 제자들은 마땅히 자기 십자가를 져야 한다. 사랑이 있어야 한다. 사랑할 줄 아는 자가 영광된 자인 것이다.

노벨평화상을 받은 테레사 수녀는 인도 캘커타에 살면서 인도의 카스트 제도에서 가장 낮은 계급에 해당하는 사람들을 위해 선을 베풀었다. 운영하는 병원에 빈민가와 쓰레기 더미와 뒷골목에 있던 죽어가는 사람들을 데려와서 죽기 전, 말년을 사랑과 정성으로 돌보았다. 그런데 세상에는 항상 비판만 일삼는 사람들이 있다. 한번은 뉴욕의 어떤 신문 기자가 뼈 있는 질문을 던졌다. "당신은 제한된 재원을 왜 아무 희망 없는 사람들에게 쓰고 있습니까? 재활이 가능한 사람들을 위해 일하는 것이 훨씬 더 가치 있지 않습니까? 아무리 간호해 봤자 대부분 길게는 몇 주, 짧게는 며칠 만에 죽어 나가는데 무슨 소용이 있습니까?"

테레사 수녀는 마음이 상했지만 잠시 후, 이렇게 답했다.

"이 사람들은 평생 거리의 개 취급을 받으며 살았습니다. 이들의 가장 큰 병은 자신이 가치 없는 사람이라는 생각입니다. 그렇게 평생을 개 취급 받으며 살던 이 사람들이 죽을 때도 개처럼 길거리에서 죽어야 한단 말입니까? 죽을 때만이라도 천사처럼 죽을 수는 없단 말입니까?"

십자가는 사랑을 뜻한다. 사랑이 하나님의 영광이다. 우리도 그 영광에 참여하게 되기를 바란다.

부활의 영광

만일 하나님이 그로 말미암아 영광을 받으셨으면 하나님도 자기로 말미암아
그에게 영광을 주시리니 곧 주시리라(요 13:32)

31절의 영광이 십자가의 영광이라면 32절의 영광은 무엇일까? 부활
의 영광이다. 희생의 십자가, 순종의 십자가, 사랑의 십자가를 질 때, 하
나님 아버지께서 부활의 영광을 주신다는 것이다. 최종적인 승리를 하
나님께서 주신다는 것이다. 그 영광을 예수님께서 얻으신다는 것이다.
주님의 제자들이 바라보는 것이 바로 이것이다. 주와 함께 죽으면, 주와
함께 산다는 것이다.

오래전, 합천 해인사 부근의 작은 교회에 목사님이 부임했다. 부임 후
교회가 크게 부흥하면서 교인이 700명이 되었다. 새롭게 교회를 건축해
야 한다. 그래서 기도하는데, 조용한 주님의 음성이 들렸다. "부산에 있
는 황 집사를 찾아가라. 그리고 '주께서 그 집을 통하여 교회를 짓겠다
하신다'라고 전하라" 하신다. 순종하는 마음으로 부산의 황 집사님을 찾
아갔다. 함께 예배를 드린 후, 목사님이 자기에게 있었던 감동을 말했

다. 어떻게 되었을까? 의외의 반응이 나온다.

황 집사님이 펄쩍 뛴다. "목사님, 지금 우리 집안은 파산 직전 상태입니다. 빚이 많아서, 이 집도 은행에 담보되어 있습니다. 그런데, 이런 우리 가정을 통해 교회를 지으라고요? 그런 하나님이 어디 있습니까? 전능하신 하나님이 우리 가정 형편도 모르십니까?" 이런다. 목사님은 황 집사님의 가정 형편을 전혀 몰랐다. 그런데, 이야기를 듣고 보니 난감하다. 그러나 믿음으로 다시 말했다.

"황 집사님, 진정하십시오. 하나님께서 집사님 형편을 누구보다 더 잘 아십니다. 그러나 하나님께서 집사님 가정에 복 주시기 위해 명하신 것입니다. 그러니 순종만 하십시오." 그러나 황 집사님은 막무가내였다. "아닙니다. 저는 못합니다. 아니 도무지 할 수 없습니다." 할 수 없이 목사님이 돌아왔다.

그런데, 다음 날 오후에 트럭 소리가 난다. 보니 어제의 그 황 집사님이 건축 자재를 잔뜩 실은 트럭을 가지고 왔다. 그 분이 말한다. 새벽에 기도하는 데 주님의 음성이 들리더란다. "너를 통해 교회를 지을 것이다" 그런데, 아침에 생각지도 않았던 돈이 들어왔다. 그래서 하나님의 뜻임을 깨닫고 지체 없이 건축 자재를 사서 달려온 것이다. 이후 공사가 잘 진척되고 훌륭한 교회 건물이 지어졌다.

그런데 놀라운 것은 교회를 건축하다가 황 집사님의 가정 경제가 어려워진 것이 아니라, 폐업 상태와 다름없던 공장에 갑자기 일거리가 쇄도하면서 복이 임했고, 사업이 날로 번창하여 빚을 순식간에 다 갚고 가세가 풍족하여졌다는 것이다.

십자가의 영광 뒤에는 부활의 영광이 있다. 희생과 순종과 사랑의 십자가 뒤에는 축복의 영광이 함께하는 것이다. 이 영광을 누리는 우리가 되기를 바란다.

영광에 관한 말씀을 하시면서 예수님께서 새 계명을 주신다. 이것은 모든 주님의 제자들이 기억해야 할 중요한 말씀이다.

새 계명을 너희에게 주노니 서로 사랑하라 내가 너희를 사랑한 것 같이 너희도 서로 사랑하라 너희가 서로 사랑하면 이로써 모든 사람이 너희가 내 제자인 줄 알리라(요 13:34-35)

주님의 새 계명에 대해서 우리가 생각해 보아야 할 점이 세 가지 있다.

새 계명

1) 누구에게 주어진 계명인가?

첫째, 누구에게 주어진 계명인가? 하는 점이다.

이 새 계명은 누구에게 주어지는가? 끝까지 동행한 자들에게 주어진 것이다. 앞 장에서 보았듯이, 수많은 사람이 주님에게 왔으나 썩을 양식을 구하는 자와 생명의 양식을 구하는 자로 나누어진다. 그래서 물질만 생각하는 자들은 결국 주님을 떠난다. 생명의 양식을 구하는 자만 남았다. 그런데, 다시금 최종적으로 12명 가운데서도 가룟 유다가 나간다.

이제 남은 진정한 제자 11명에게 이 새 계명이 주어졌다. "네 하는 일을 속히 하라"는 말씀을 듣고도 결국 돌이키지 않은 가룟 유다는 제외된 상태에서 주님께서 이 말씀을 주시는 것이다. 따라서 참으로 주님의 제자들은, 끝까지 주님과 함께하는 제자들은 이 말씀을 잘 기억해야 한다. 새 계명은 모든 사람에게 주어진 계명이 아니다. 끝까지 남은 주님의 참되고 충성된 제자들에게 주어진 계명이다.

2) 계명의 내용

둘째, 계명의 내용이 무엇인가? 하는 점이다.

계명의 내용은 "서로 사랑하라 내가 너희를 사랑한 것같이 너희도 서로 사랑하라"(요 13:34)는 것이다. 계명의 핵심은 사랑이다. 그런데, 우리가 흔히 아는 "네 이웃을 네 몸과 같이 사랑하라"는 율법과 같은 것인가? 비슷하다. 그러나 조금 다른 면이 있다. 우선 사랑의 강도가 다르다. 이웃은 내 몸처럼 사랑하면 된다. 그러나 제자들은 예수님께서 우리를 사랑한 것처럼 사랑해야 한다고 말씀한다. '카도스' 즉 '같이' 라는 말이 중요하다. 예수님께서 사랑한 것같이 사랑해야 한다는 것이다. 내 몸 사랑과 예수님의 사랑, 이 두 가지 사랑은 분명한 차이가 있다.

예수님의 사랑이 훨씬 더 높고 깊이가 있다. 왜 그런가? 잘 아는 대로 예수님의 사랑은 자기 목숨까지 포기하는, 자기희생의 사랑이기 때문이다. 이웃은 내 몸처럼 사랑하면 되지만, 주님의 제자인 우리가 생명을 아끼지 않는 사랑을 해야 한다고 말씀한다. 또한 여기에 중요한 또 다른 것은 '서로'라는 단어이다.

일방적인 것이 아니라, 제자들이 서로 희생적인 사랑을 해야 한다는 말씀이다. 우리는 주님의 계명을 기억하고 주님께서 우리를 사랑하신 것같이, '서로' 사랑해야 한다. 자기는 하나도 주지 않으면서 받으려고만 하는 것은 비양심적인 것이다. 우리 제자는 서로 사랑해야 한다.

3) 계명의 이유

셋째, 새 계명을 주신 이유가 무엇인가? 하는 점이다.

새 계명을 주신 이유가 설명된다. "너희가 서로 사랑하면 이로써 모든 사람이 너희가 내 제자인 줄 알리라"(요 13:35) 이것이 중요하다. 교회는 예수님을 주로 고백하는 사람들의 공동체이다. 예수님의 제자들이다. 제자들이 서로 뜨겁게 사랑하고 있다면, 모든 사람이 우리가 주님의 제자임을 알 것이다. 교인들이 서로 미워하고 싸울 때, 교회의 발전은 멈추게 되는 것이다.

오래전, 어느 미국 교회에 장난꾸러기들로 구성된 4학년 초등학생반이 있었다. 그 반을 맡으면 교사들이 질려서 그만두고는 한다. 그런데 한 선생님이 그 반을 맡았다. 그 선생님은 교육도 별로 받지 못했고, 글도 간신히 읽는 사람이었다. 성경공부를 할 때, 학생들 한 사람씩 이름을 불러 성경구절을 읽게 하고는 그 본문에 대해서 설명했다. 그런데 이분은 교사에게 꼭 필요한 조건을 갖추고 있었다. 뭘까? 사랑이다. 그 선생님은 아이들을 사랑했다. 그분이 3년간 이 아이들을 맡아서 교육했다. 사랑으로 함께했다. 놀라운 것은 그 반에서 변호사와 판사가 나왔고, 목사가 세 명이 배출되었다.

우리는 서로 사랑해야 한다. 우리가 서로 사랑하면 모든 사람이 우리가 예수님의 제자인 줄 알게 된다.

베드로의 각오와 주님의 은혜

베드로가 주님께 묻는다. "주여 어디로 가시나이까?" 예수님께서 말씀하셨다. "나의 가는 곳에 네가 지금은 따라올 수 없으나 후에는 따라오리라" 베드로가 묻는다. "주여 내가 지금은 어찌하여 따를 수 없나이까? 주를 위하여 내 목숨을 버리겠나이다"

우리는 이 대화 내용 속에서 베드로의 소망과 각오를 본다. 그는 정말 주님과 동행하고 싶었다. 끝까지 따르기를 소망했다. 그러나 이 장면에서 우리는 베드로가 순간 주님의 뜻보다 자기 개인의 감정을 앞세우고 있음을 발견하게 된다. 순종의 정신을 잃고 있는 것이다. 그는 죽을 용의가 있다고 말했다. 완전한 자기 포기와 희생을 치를 각오가 되었다고 생각했다. 그러나 우리의 능력은 주님이 더 잘 아신다. 예수님께서 답하셨다. "네가 나를 위하여 네 목숨을 버리겠느냐 내가 진실로 진실로 네게 이르노니 닭 울기 전에 네가 세 번 나를 부인하리라"(요 13:38) 모든 것을 아시는 주님께서는 베드로의 약함을 알고 계셨다. 베드로와 나머지 제자들이 이제 닥쳐올 시련을 이겨 낼 힘이 없다는 것을 아셨고, 경고를 하시는 것이다.

나는 이 말씀을 보면서 이런 생각을 한다. '우리의 구원은 우리의 각오와 행함으로 얻게 되는 것이 아니다. 오직 주님의 은혜로 얻는 것이다.' 이 책을 읽는 사랑하는 형제, 자매여, 내가 아무리 결심이 강하고 용감해도 그보다 더 크고 감당이 안 되는 시험이 내게 임하면, 어쩔 수 없다.

천하장사여서 1톤을 들 수 있는 사람이 있다고 치자. 그에게 2톤의 짐이 주어지면, 깔려 죽고 말 것이다. 세계 최고의 강자도 그의 능력을 초과하는 것은 감당이 안 된다. 감당하기 어려운 시련 앞에 주님의 제자들은 모두 무너졌다. 그러나 그들이 다시 일어나게 된다. 어떻게? 주님의 은혜 때문이다. 그들은 부족하지만, 주님의 은혜로 일어났다. 우리는 항상 기억해야 한다.

내 각오로 되는 것이 아니라, 주님의 은혜로 우리가 일어나는 것이다. 우리 삶의 형통함, 교회의 부흥 이 모든 것도 마찬가지다. 오직 주님의 은혜 때문에 가능한 것이다. 우리는 이것을 항상 기억해야 한다. 그러면 우리는 교만할 것이 없음을 알게 된다. 겸손하게 되는 것이다. 주님의 제자답게 겸손한 마음을 품게 되는 것이다. 제자 훈련을 받아도, 겸손이 없으면 그 사람은 제자 훈련 잘못 받은 사람이다. 제자는 겸손해야 한다. 이 책을 읽는 사랑하는 형제, 자매여, 우리가 믿음의 자리에 있는 것은 내가 잘나서가 아니라, 오직 주님의 은혜 때문임을 믿는가? 그것을 믿는다면 겸손해야 한다.

베드로와 가룟 유다의 차이점

우리가 생각할 것이 하나 있다. 베드로와 가룟 유다의 차이점이다. 베드로와 가룟 유다는 둘 다 완전한 충성을 보이지 못했다. 그렇다면, 이둘의 차이점은 무엇인가? 그 차이를 잘 구별해야 한다. 매우 중요한 차이점이 있다.

1) 가룟 유다 - 계획적인 범죄

가룟 유다의 배반은 완전히 계획적인 범죄였다. 우발적인 것이 아니라, 깊이 생각하고 면밀하게 계획한 배반이었다. 최소한의 의리도 없는 냉혈적인 방법이었다. 따라서 예수님의 마지막 권면의 말씀을 듣고도 끝내 돌이키지 않았다.

2) 베드로 - 우발적인 범죄

그러나 베드로는 달랐다. 그의 부인은 무계획적이며, 우발적인 범죄였다. 순간적인 두려움 때문에, 의지가 약해져서 부인했던 것이다.

가룟 유다의 죄는 계획적인 것. 고범죄였다. 그러나 베드로의 죄는 순간적인 나약함으로 인한 죄였다. 베드로의 죄도 생애의 오점이 되는 것이다. 그러나 얼음 같은 마음으로 계획적으로 배반한 죄와, 연약함과 충동에 의한 범죄는 분명하게 차이가 있다.

주님의 제자들도 실수할 수 있다. 우발적인, 충동적인 잘못을 범할 수 있다. 우리 주님께서는 베드로의 연약함을 미리 알고 계셨다. 또한 우리의 연약함을 잘 아신다. 동시에 주님께서는 베드로의 마음에 담겨 있는 사랑을 알고 있었다. 그의 진심은 주님을 향한 분명한 사랑과 충성이 있는 자임을 알고 계셨다. 주님께서는 우리의 마음도 잘 아신다. 주님을 향해 진실된 마음을 품고 있는 자를 알고 계신다. 동시에 예수님께서는 베드로가 장차 어떤 사람이 될 것인지를 모두 잘 알고 계셨다. 그가 다시금 일어나 교회를 세우는 가장 강력한 주님의 사람이 될 것임을 알고 계셨다. 마찬가지로 주님께서는 우리가 어떤 사람이 될 것인지를 알고 계신다. 그리고 우리를 향해 소망을 가지고 계신다. "네가… 후에는 따라 오리라" 주님의 소망이 담긴 말씀이다. 바라기는 우리 모두 주님의 인정, 주님의 은혜를 입는 우리 모두가 되기를 바란다.

한 가지 이야기를 말씀드리면서 이 장을 마치겠다.

세계를 정복했던 프랑스의 나폴레옹 황제의 이야기다. 한번은 열네 살 된 소녀가 나폴레옹 앞에 나타나 발 앞에 무릎을 꿇고 울며 간청한다. "폐하, 용서해 주세요. 제 아버지를 용서해 주세요." "네 아버지는 누구고 또 너는 누구냐?" 나폴레옹이 묻자 소녀가 말한다. "제 이름은 라욜라입니다. 폐하! 그런데, 제 아버지가 사형선고를 받았습니다." 황제가 사정을 알아보고 나서 말했다. "소녀여, 나는 너를 위해 아무것도 해줄 수 없다. 네 아버지가 국가 반역죄를 범한 것이 이번이 두 번째다." 그러자 소녀가 계속 간청한다. "잘 알고 있습니다, 폐하. 그러나 저는 정의를 말씀드리는 것이 아니라, 자비를 탄원하는 것입니다. 폐하! 간구합니다. 제 아버지를 제발 용서해 주십시오." 어린 소녀의 간청 앞에, 나폴레옹이 잠시 생각에 잠겼다. 드디어 생각을 정리하고, 나폴레옹 황제가 그 소녀의 손을 잡고 말했다. "그래. 애야. 내가 너를 위해 네 아버지를 용서해 주마. 이제 됐으니 돌아가거라."

은혜. 우리가 주님과 동행의 아름다운 결말을 맺을 수 있는 것은 오직 은혜 때문이다. 제자로서 하나님의 은혜를 입는 우리가 되기를 바란다. 이 책을 읽는 사랑하는 형제, 자매여, 바라기는 내 의지와 각오의 한계를 깨닫고, 하나님의 크신 은혜 가운데 거하는 우리가 되기를 기원한다.

12장

사명

머물러 있지 말고
가서 제자 삼으라

12장

사명

머물러 있지 말고
가서 제자 삼으라

우리가 사랑하는 성경구절이 있다. 바로 요한복음 3장 16절 말씀이다. "하나님이 세상을 이처럼 사랑하사 독생자를 주셨으니 이는 그를 믿는 자마다 멸망하지 않고 영생을 얻게 하려 하심이라"

모세가 광야에서 불 뱀에 물린 사람들의 구원을 위해 놋 뱀을 장대에 만들어서 든 것 같이 예수님도 들려야 하는데, 이는 그를 믿는 자마다 영생을 얻게 하려 하심이라고 성경은 말씀한다(요 3:14-15). 그래서 예수님께서 십자가에 달려 죽으셨다. 우리의 죄 값을 대신 치러 주셨다.

동시에 우리를 위해 죽으셨던 예수님께서 '부활'하셨다. 우리는 주님의 십자가와 부활의 증인이 되어야 한다.

1) 예수님께서 십자가를 통해 죄 값을 치러 주셨다는 사실을 증언해야 한다.

2) 죽음을 이기셨다는 사실, 가장 강력한 사망 권세를 이기셨다는 사실, 따라서 절대 권력을 가지셨다는 사실을 증언해야 한다.

3) 부활의 첫 열매가 되셨다는 사실, 단순히 죽었다 다시 산 것이 아니라, 새로운 몸으로 부활하셨다는 것을 증언해야 한다. 우리도 주님처럼 부활의 몸을 갖게 된다.

부활하신 주님을 제자들이 만났다. 그리고 주님께서 마지막 명령인 '지상명령'을 주셨다. 귀한 말씀이다. 우리가 꼭 기억해야 한다. 마태복음 28장에 그 내용이 나온다. "열한 제자가 갈릴리에 가서 예수께서 지시하신 산에 이르러 예수를 뵈옵고 경배하나 아직도 의심하는 사람들이 있더라"는 말씀이다(마 28:16-17). 왜 의심할까? 아마도 멀리서 만났기 때문일 것으로 본다. 그래서 그다음 절인 마태복음 28장 18절 초반을 보면 "예수께서 나아와 말씀하여 이르시되"라고 설명한다. 가까이 다가오셨다. 그리고 의심하지 않도록 확실하게 보여 주신다. 그리고 말씀하셨다. 우리도 분명한 부활의 증인이 되어야 한다. 아무 의심이 없어야 한다.

너희는 가라

그런데 어떻게 부활의 증인이 될 것인가? 마음을 끄는 매력적인 교회 건물을 짓고, 교회 건물에 앉아서 마음을 끄는 이벤트(행사)를 홍보하고, 그러면 되는 것인가?

우리는 가는 것보다, 머무는 것을 좋아한다. 우리는 안주하고 싶어 한다. 머물고 사람들이 찾아오기를 바란다. 편하기 때문이다. 이스라엘 역사를 생각해 보라. 이들은 제사장 나라인데, 백성 나라가 없었다. 우리는 같은 실수를 반복하지 말아야 한다. 우리는 가야 한다.

예수님께서 제자들에게 하신 가장 앞서는 명령은 '가라'는 말씀이다. "그러므로 너희는 가서"라고 말씀한다(마 28:19). 그냥 이 자리에 머물러 있는 것이 아니라. 가라고 말씀한다. 우리는 머물고 싶어 하는 경향이 있다. 안주하고 싶어 한다. 그러나 주님의 명령을 우리가 가야 한다고 하신다. 우리는 그대로 있고, 사람들이 찾아와야 하는 것이 아니다. 우리가 가야 한다.

목사와 교회는 신랑, 신부 관계가 아니다. 교회가 신부, 신랑은 예수님이다. 목사는 단지 교육하는 사람일 뿐이다. 신부를 돕고 교육시키는 사람. 따라서 선생은 바뀔 수 있는 것이다. 나는 항상 생각한다. 교회는 내 신부가 아니다. 예수님 신부지…. 주인의 신부를 탐내면 나쁜 사람이다.

가서 해야 할 세 가지 일

우리가 가서 해야 할 일이 있다. 주님께서 세 가지를 명령하셨다.

1) 제자 삼으라

첫째, 모든 민족을 제자로 삼는 것이다. 세계 모든 민족(족속)을 예수 그리스도 앞으로 인도하여 제자로 삼아야 한다. 세상 어느 곳에서나 복음이 받아들여지도록 하는 것이 우리 제자들의 의무이며, 특권이다. 바로 이 말씀 때문에 우리가 세계 선교를 해야 하는 것이다.

"제자 삼으라": 제자도를 가르치라.

*이 책을 쓸 때 아프리카에서 목회자들을 위해서 말씀을 전해 달라는 초대장을 받았다. 전에도 여러 번 갔다. 이번에도 피곤하지만 갔다. 명령이기 때문이다.

2) 세례를 베풀라

둘째, 성삼위 하나님의 이름으로 세례를 베풀어야 한다. "아버지와 아들과 성령의 이름으로 세례를 베풀라"고 하셨다. 참고로 아버지와 아들과 성령이 다르면 문법적으로 이름들(names)이라고 해야 한다. 그런데 나는 내 아들들에게 아버지요, 내 부모님에게 아들이요, 내 교우에게 목사다. 같은 사람이다. 이런 경우 이름(name), 즉 단수로 표현한다. 마찬가지로 아버지와 아들과 성령의 이름(name)에서 단수가 쓰인 것은 삼위일체를 뜻하는 것이다. 이 구절은 성삼위 하나님을 뜻하는 설명이다. 잘 기억하자.

3) 주가 분부한 모든 것을 가르쳐 지키게 하라

셋째, 주님께서 제자들에게 명령하신 모든 것을 가르치고 지키게 하라. '모든 것을….' 이것이 중요하다. 우리는 여기서 그동안 1장부터 12장까지의 내용을 잠시 정리해 보아야 한다. 이런 것들을 다 가르쳐야 하고, 지키게 해야 한다.

1장 '만남'에서 은혜와 기적을 체험하되 반드시 제자가 되어야 한다는 것을 이야기했다. 가버나움처럼 은혜를 받고, 기적을 체험하는 것이 중요하지만 회개하지 않으면, 제자가 되지 않으면 멸망한다는 것을 배웠다. 따라서 모든 민족은 회개하고, 제자가 되어야 한다.

2장 '관계'에서 좋을 때만 따르는 팬이 아니라, 어떤 경우에도 따르는 진정한 제자가 되라는 이야기를 했다. 기적을 보고 좋은 일만 있을 것으로 생각하고 제자가 되는 것이 아니라, 희생을 각오해야 한다. 그리고 가족 사랑을 극복해야 한다. 그리고 어떤 환경에서도 두려워하지 말고 믿음으로 주님을 따라가야 한다는 것을 가르치고 지키게 해야 한다.

3장 '분별'에서 운을 찾는 넓은 문이 아니라, 복이 있는 좁은 문으로 들어가라는 말씀을 나누었다. 사람들은 쉬운 길, 넓은 문으로 운을 찾아 나선다. 그러나 우리는 산상수훈의 가르침을 따라서 복이 있는 좁은 문으로 들어가야 한다. 그 말씀을 듣고 지키는 것을 통해, 어떤 어려움이 있어도 무너지지 않는 온전한 삶을 살아야 함을 가르치고 지키게 해야 한다.

4장 '신분'에서 죄의 종으로 살지 말고, 말씀에 거하여 자유자가 되라는 말씀을 나누었다. 대대로 믿는 집안에서 태어나고 직분을 가져도 죄에서 벗어나지 못하면 죄의 종이다. 우리는 참된 자유를 누려야 하는데 그러기 위해서는 주님의 말씀에 거해야 한다. 그래야 참된 자유를 누릴 수 있다. 이것을 가르쳐 지키게 하라.

5장 '자세'에서 새 부대같이 탄력성(수용성)을 가지라는 말씀을 나누었다. 사람의 과거에 집착하지 말고, 사람의 미래 가능성을 보시는 주님처럼 포용성을 가져야 한다. 그리고 주님의 말씀 앞에 수용적이 되어야 참된 제자로서 미래를 살 수 있다는 것을 가르쳐 지키게 하라.

6장 '선택'에서 자신과 어울리는 사람을 찾으라는 말씀을 나누었다. 잃은 양을 찾아야 되고, 푸대접하거나 핍박하는 자와 씨름하지 말고 영접하는 사람, 말씀을 듣는 사람을 찾아서 좋은 사람과 사역을 하라는 것을 가르치고 지키게 하라.

7장 '마음'에서 고생의 짐이 아닌 쉼을 얻으려면 온유하고 겸손한 사람이 되라는 말씀을 나누었다. 사람은 마음에 고생의 짐을 지고 있다. 그런데 수고하고 무거운 짐진 자들은 주님께 와서 쉼을 얻어야 한다. 그 비결은 예수님의 마음처럼 온유하고 겸손한 마음을 품는 것이다. 이것을 가르치고 지키게 하라.

8장 '중심'에서 자기중심으로 살지 말고, 자기를 부인하고 자기 십자가를 지고 예수님을 따르라는 말씀을 나누었다. 자기중심적 삶이 아니라, 예수님을 중심에 주님으로 모시고 자기의 생각을 내려놓고, 자기 십자가를 지고, 예수님을 따라야 진정한 제자라고 할 수 있다. 이것을 가르치고 지키게 하라.

9장 '반응'에서 불평하지 말고 감사하라. 그러면 기적이 일어난다는 말씀을 나누었다. 우리는 주어진 환경이 열악할 때, 불평하기 쉽다. 아무것도 할 수 없다고 자포자기하기 쉽다. 그러나 주님께서는 우리에게 "너희가 먹을 것을 주라"고 명령하신다. 주님 앞에 내가 가진 것을 드리라. 그리고 감사를 배우라. 그러면 기적이 일어난다. 이것을 가르치고 지키게 하라.

10장 '시험'에서 말씀을 들을 때, 시험에 들지 말고, 은혜를 받으라는 말씀을 나누었다. 예수님이 말씀을 해도 시험에 드는 제자는 결국 주님을 떠나게 된다. 그런데 말씀을 듣고 사람들이 시험을 받을 때도 생명의 말씀이라고 생각하고 은혜를 받던 베드로는 끝까지 남는다. 우리는 말씀을 들을 때 시험에 들지 말고, 은혜를 받아야 한다는 것을 가르치고 지키게 하라.

11장 '계명'에서 제자들이 서로 사랑해야 한다는 말씀을 나누었다. 예수님께서 주신 새 계명이 있다. 끝까지 남은 제자들이 '서로 사랑'해야 한다는 말씀이다. 예수님의 희생적 사랑을 본받아 끝까지 남은 제자들이 서로 사랑해야 한다. 그러면 사람들이 우리가 주님의 제자인 것을 알게 된다. 이것을 가르치고 지키게 하라.

12장 '사명'에서 머물러 있지 말고 가서 제자 삼으라는 말씀을 나누고 있다. 이제 말씀을 받고 제자가 된 민족은 일어나 가서 다른 민족을 제자 삼기 위해 힘써야 한다. 가서 제자를 삼고, 아버지와 아들과 성령의 이름으로 세례를 베풀고, 주님께서 분부한 모든 것을 가르쳐 지키게 하라는 것을 가르치고 지키게 하라.

참고로 사도행전 1장 8절에 보면 예수님께서 말씀하셨다.

"오직 성령이 너희에게 임하시면 너희가 권능을 받고 예루살렘과 온 유대와 사마리아와 땅 끝까지 이르러 내 증인이 되리라 하시니라"

이제 우리는 성령의 임하심과 능력을 받아 우리 있는 곳에서부터 시작해서 가까운 곳, 그리고 멀리 땅끝까지 주님의 증인이 되어야 한다.

한 가지 이야기를 말씀드리면서 마치겠다.

20세기 초에 어느 미국 부자가 100만 불을 기증해서 아프리카의 라이베리아에 대학을 세웠다. 그 대학이 1940년대에 이미 크게 발전해서 수천 명의 졸업생을 배출했다. 학교에서 대학설립을 위해 기증한 이분을 초청해서 감사를 표하려고 했다. 그런데, 여러 달 걸려서 간신히 찾았다. 이 사람은 1929년 닥친 경제 공황 때, 전 재산을 다 잃었다. 그리고 시카고 남부에서 조용히 살고 있었다. 대학의 초청을 이분이 거절했다. 그러나 계속되는 초청에 응해서, 대학 개교기념일에 수여될 감사장을 받기 위해 라이베리아로 갔다. 그 기념식장에 수백 명의 아프리카 학생들이 있었다. 학교 시설과 학생들을 바라보던 이 사람이 대학 학장의 귀에다 대고 의미심장한 말을 했다. "바친 것, 이것이 내게 아직도 남아 있는 유일한 것이군요."

이 책을 읽는 사랑하는 형제, 자매여, 부자 삭개오에게 남은 것은 그가 내놓은 절반의 재산이다. 마리아에게 남은 것은, 주님을 위해 부은 향유다. 그리고 바나바에게 남은 것은 그가 주님의 교회를 위해 바친 그의 밭이 남은 것이다. 바친 것, 그것이 그들에게 남은 유일한 것이다. 남는 것 중에도 잠시 남는 것과 영원히 남는 것이 있다. 세상에 학교를 세우는 것은 이 세상에서만 남는다. 잠시 남는 것이다. 그러나 주님을 위해서 하는 것, 그것은 영원히 남는 것이다.

영원한 것에 대한 투자를 아끼지 말라. 주님께 감사할 줄 아는 사람이 되라. 당신의 물질을, 시간을, 노력을, 인생을 주님께 바치는 것을 아끼지 말라. 제자로서 주님을 위해 드리는 모든 것은 영원히 기억될 것이다. 주님과 동행하는 제자가 되어, 영원히 남을 아름다운 발자취를 남기는 우리 모두가 되기를 진심으로 바란다. 하나님 아버지께 온전히 영광을 돌리는 참된 제자가 되자.

유익한
제자도

초판 1쇄 발행　2018년 3월 1일

지은이　　　　김용일
발행인　　　　이영훈
주 간　　　　김호성
편집인　　　　김형근
편집장　　　　박인순
기획·편집　　강지은
영업·마케팅　김미현 이기쁨 김진흥
디자인　　　　김한희

펴낸곳　　　　교회성장연구소
등 록　　　　제 12-177호
주 소　　　　서울특별시 영등포구 여의공원로 101 CCMM빌딩 7층 703B호
전 화　　　　02-2036-7928(편집팀) 02-2036-7935(마케팅팀)
팩 스　　　　02-2036-7910
쇼핑몰　　　　www.pastormall.net
홈페이지　　　www.pastor21.net
페이스북　　　www.facebook.com/pastor21

ISBN | 978-89-8304-280-4 03230

"무슨 일을 하든지 마음을 다하여 주께 하듯 하라." (골 3:23)

교회성장연구소는 한국의 모든 교회가 건강한 교회성장을 이루어 하나님 나라에 영광을 돌리는 일꾼으로 성장하는 것을 목표로, 목회자의 사역과 성도들의 영적 성장을 도울 수 있는 필독서들을 출간하고 있다. 주를 섬기는 사명감을 바탕으로 모든 사역의 시작과 끝을 기도로 임하며 사람 중심이 아닌 하나님 중심으로 경영한다. "무슨 일을 하든지 마음을 다하여 주께 하듯 하라."는 말씀을 늘 마음에 새겨 하나님께서 주신 사명을 기쁨으로 감당하고 있다.